D1741345

Sandra Hoffmann
Paula

Hanser Berlin

Die Autorin dankt dem Deutschen Literaturfonds e.V.,
Darmstadt, und dem Bayerischen Staatsministerium
für Bildung und Kultus, Wissenschaft und Kunst für die
Förderung der Arbeit an diesem Buch.

1 2 3 4 5   21 20 19 18 17

ISBN 978-3-446-25682-8
© Hanser Berlin im Carl Hanser Verlag München 2017
Alle Rechte vorbehalten
Satz im Verlag
Druck und Bindung: Friedrich Pustet, Regensburg
Printed in Germany

MIX
Papier aus verantwor-
tungsvollen Quellen
FSC   FSC® C014889
www.fsc.org

»Do you know nothing? Do you see nothing?
Do you remember nothing?«
T. S. Eliot, *The Waste Land*

Schweigen ist anders als still sein. Nirgends, auch nicht, wenn du tief in die Taschen greifst, um die Münze zu finden, die du zwischen den Fingern bewegst, oder ein Stück Papier mit den Notizen vom Einkauf, findet sich darin wirklich Halt. Du hörst von irgendwoher oder aus dir heraus die dunklen Geräusche der Stummheit, die sich gegen dich wenden, du hörst sie als Grollen, als Grummeln, als fortwährendes Gemurre, Gemurmel irgendwo weit entfernt und zugleich nah. Als suchten sich all die ungesprochenen Wörter Wege aus dem stummen Körper heraus und hinein in den Raum, hin zu dir. Sie bringen dich um die Ruhe und sie bringen dich um den Schlaf. Das Schweigen, wenn jemand nahe bei dir lebt und so schweigt, so unerbittlich jedes Wort auffrisst, dass nichts übrig bleibt für dich und für keinen. Das Schweigen am Tisch, wenn die Gabeln und Messer auf Tellern klappern, wenn jemand, nur einer, sagt, kann ich bitte das Salz haben, und jemand reicht es. Und über allem das Schweigen, das dir vorkommt, als verschlinge es dich und all deine guten Sommer und die wenigen guten Winter. So als käme die Fröhlichkeit nie mehr zurück. Und du hörst das Geräusch von Strumpfhosenbeinen unter dem Tisch und wie der Hund am Stuhlbein vorbeistreicht, ein Räuspern und das laute Schlucken beim Wassertrinken, wenn der Halsmuskel spannt. Wenn die Geräusche aus den Körpern sich im Zimmer so ausgebreitet haben, dass da nur noch Dichte ist, Verdichtung nach außen. Dieses Schweigen, das schließlich in jeder Ritze eines Hauses sitzt, das abstrahlt, ausstrahlt, das ein Haus zur Festung macht, kennt nur die Endgültigkeit als Erlösung. Du kannst bleiben und sterben oder gehen. In der Stille aber wäre auch nur ein Traktor, draußen auf der Straße, ein schönes Geräusch, wäre das eine Verheißung, jemand mäht die Wiese zum ersten Mal in diesem Jahr, es ist noch hell. Die Welt wäre wieder da. Helligkeit und Sprache.

Am 10. November 1997 stirbt meine Großmutter Paula im Alter von 82 Jahren. Sie hat nicht über sich gesprochen, bis zum Schluss nicht. Sie hat ihr ganzes Leben, alle ihre Geheimnisse, aber auch alle ihre Nöte mit ins Grab genommen.

Wenn ich morgens durch den Park laufe, den See umrunde und höre, wie die Schwäne und Enten schnattern, wenn ich den Mandarinenten zusehe, die wie bunte Punkte zwischen den anderen Enten leuchten, denke ich häufig an meine Großmutter, die seit achtzehn Jahren tot ist, und ich denke an meine Eltern. Ich würde ihnen gerne den Park zeigen, die Hunde, die mir regelmäßig auf meiner Laufstrecke begegnen, die schönen Stellen an den Nebenkanälen des Eisbachs, deren Oberfläche ab und zu eine Weide streift. Die Männer, die vor ihrer Personaltrainerin auf der Erde liegen und anstrengende gymnastische Übungen machen oder gegen kleine Boxsäcke schlagen, die in den Bäumen hängen, wieder und wieder und wieder, damit sie stark werden, für was auch immer. Ich würde ihnen gerne die Yogis beim Sonnengruß zeigen, die Japanerin, die merkwürdig schwingende Armbewegungen macht beim Gehen. Ich sehe die Surfer an der Eisbachwelle, und ihretwegen halte ich manchmal an. Ich schaue den fremden Menschen zu und ich bin froh, dass es sie gibt, dass ich mich zwischen ihnen hindurchbewegen darf und, ohne mit ihnen zu sprechen, weiß: Ich mag, dass sie da sind. Ich würde gerne zu meiner Familie sagen: Schaut, hier lebe ich jetzt. So ist es geworden und es ist gut. Aber meine Großmutter ist tot. Und meine Eltern haben kein großes Interesse an einem Leben, das mit ihnen nicht unmittelbar zu tun hat. Ich spreche beim Laufen mit ihnen, ich zeige ihnen in Gedanken diese Welt, und immer gerate ich darüber in eine Traurigkeit.

Das Schweigen hat sich über die Generationen verschleppt.

1915 gilt im chinesischen Kalender als das Jahr des Holzhasen. Franz Josef Strauß wird geboren, Ingrid Bergman, Edith Piaf auch; Frank Sinatra, Pinochet. Der Erste Weltkrieg ist im zweiten Kriegsjahr, in Den Haag findet der erste Internationale Frauenkongress für den Frieden statt, Albert Einstein spricht öffentlich über die Relativitätstheorie, und Virginia Woolfs Romandebüt erscheint. Da wird an Allerheiligen, in einem kleinen Dorf, mitten im katholischen Oberschwaben Paula geboren. Sie ist das erste Kind der Familie. Die Verhältnisse, in die Paula hineingeboren wird, sind einfach, viel Geld hat die Familie nicht. Sie wächst mit zwei Schwestern und einem Bruder auf, der im Zweiten Weltkrieg an der Front stirbt. Von seinem Tod erzählte sie. Wieder und wieder, öfter, als ich es hören wollte.

Er ist gestorben, im Krieg.

Das war ihre Erzählung. Sie bestand aus fünf Wörtern.

Als sie starb, endete das Leben einer Frau, von deren Geschichte ich nicht viel weiß. Sie hat einen Weltkrieg erlebt, zwei Kinder geboren. Sie hat vom deutschen Wirtschaftsboom profitiert, sie war ohne Ausbildung und deshalb Gastarbeiterin im eigenen Land. Reinemachefrau hieß der Beruf, den sie ausübte. Manchmal spüre ich ihre Stimme. Ich höre ihr zu, so wie ich ihrer Schwester Marie zugehört habe; auch sie ist bereits tot. Ich höre ihr zu, so wie ich meiner Mutter zugehört habe, die längst schon aufgehört hat über das Schweigen ihrer Mutter zu sprechen. Alle ihre Stimmen höre ich; sie bilden keine Einheit, sie kommen und gehen, sie verbergen sich gerne. Wenn ich ihnen zu nahe komme, flüchten sie; jedenfalls kommt es mir so vor. Ich denke, dass es möglich sein könnte, mit ihrer Hilfe das Leben von Paula zu erzählen. Ich will es ergründen.

Sie war meine Großmutter.

Ich bin eine unzuverlässige Erzählerin. Ich lag auf der analytischen Couch. Ich habe mein Leben reflektiert. Ich habe versucht, die Wege, die ich gegangen bin, nachzuvollziehen, die vergangenen Stürme in mir zu verstehen, um die kommenden besser aufhalten zu können. Ich bin gut darin geworden. Man kann sich hier auf mich verlassen. Ja. Man kann sich darauf verlassen, dass ich alles, was ich nicht mehr weiß, alles, was ich nie gewusst habe, alles, was ich unbedingt wissen will, erfinden werde. Wie anders soll es möglich sein, das zu entfalten, was ich nie wusste, neben dem, was ich noch sehr genau weiß. Wie erzählt man, was in Träumen immer wiederkehrt, Alp oder Angst oder die dunkle Ahnung einer Bedrohung, die bis in mein heutiges Leben reicht. Wie erzählt man, was am Tag als Bild heranhuscht und wieder weg? Und warum ich seit sieben Jahren nicht mehr auf dem Friedhof war – oder nur einmal, heimlich?

Was ich zum Beispiel nicht erfinden muss: Wie sich die Haut meiner Großmutter im Gesicht angefühlt hat, wie ein Veilchenblütenblatt, fast durchscheinend, wie unberührt. Keine Furchen mäanderten hindurch, nur feine Linien, Spuren, Zeichen, wie Vögel sie im Schnee hinterlassen. Und ihren Geruch kenne ich noch heute. Warm und nicht sauer. Mild und nicht grob. Ihr Duft war besser, als sie selbst war. Weicher, zärtlicher. Niemals roch sie alt. Wenn ich will, spüre ich den warmen Großmutterleib und die Wand mit der Raufasertapete. Dazwischen sehe ich mich selbst liegen in den Nächten nach den Alpträumen. Zwischen Großmutters Händen bewegt sich ihr Rosenkranz und sie zündet geweihte Kerzen an. Manchmal streift mein Gesicht das ihre.

Ich liebe dich und ich hasse dich, das sagen Kinder nicht in einem Satz. Kinder sagen das eine oder das andere. »Ich liebe dich« ist kein Satz aus meiner Kindheit. »Ich hasse dich« jedoch auch nicht. Nichts war eindeutig außer der Angst vor dem Sterben. Und dass ich meiner Großmutter irgendwann nicht einmal mehr die Hand geben wollte.

In einer Schublade ihrer Kommode lagen unter den Gesangbüchern mit und ohne Goldschnitt und allerlei kleinen Heftchen und Heiligenbildchen eine bunte Pappschachtel aus einer Confiserie, eine stabile Strohschachtel, ein wahrscheinlich selbstgemachtes blaues Album mit rotweißen Applikationen auf der Vorderseite. Alle waren voller Fotos. Darauf Menschen verschiedenen Alters, sehr viele Männer, davon wiederum einige Soldaten. Männer auf Motorrädern, Mann vor Auto, Männer auf dem Feld, Männer vor Schiffen, vor Panzern, vor Wald und Feld, Männernamen auf Kreuzen. Männer mit Männern in schicken Autos. Seltener Männer mit Frauen im Auto. Manche der Männer tragen Arbeitsanzüge, wie ich sie aus Dokumentationen über Zwangsarbeiter kenne. Viele tragen Uniform. Es gibt Männer in eleganten Anzügen, Männer mit Krawatte, mit Fliege, Männer mit Monokeln, lässig gekleidete smarte Männer. Auch dunkelhäutige Männer in Uniform, vermutlich marokkanische Männer, recht sicher sogar. Männer mit fröhlichen Gesichtern, Priester, schwarze und weiße im Gewand. Ministranten. Mein Vater strahlend und gutaussehend bei der Hochzeit mit meiner schönen Mutter. Keine echten Familienfotos. Außer jenen von Familien, die mir vollkommen unbekannt sind. Frauen. Die Schwestern von Paula: Marie und Theresia. Die drei Schwestern mit einem Kind. Die Tochter von Theresia. Die Tochter von Theresia und meine Mutter. Meine Großmutter Paula mit einem Schwimmreif in einem kleinen See. Paula neben einem schönen Mann in der Wiese, lange weiße Handschuhe zum geblümten Kleid, Paula mit dem gleichen Mann auf einem großen Motorrad, Paula am Grab eines Mannes, der einmal ihr Bräutigam war, Paula und fünf andere Frauen an einem Küchentisch, fröhlich. Frauen in Gruppen, aufgestellt wie der Gymnastikverein. Paula mit ihrer Mutter, Paula mit einer fremden Frau und fremden Kindern. Und so weiter. Paula, wie sie bei der Hochzeit ihrer Tochter auf die märchenhaft schöne Braut schaut: düster, freudlos, am düstersten die Augen in ihrem strengen Gesicht. Paula mit Handtasche in der Blumenwiese, finsterer Blick, Margeriten in der Hand. Der graue Dutt streng geknüpft. Das eingebundene Bein unter dem Kostüm. Daneben meine Mutter im Bleistiftrock, mit toupierter Kurzhaarfrisur und Sonnenbrille, wie immer ziemlich Audrey Hepburn, und wie sie mit ihren hohen Pumps auf einem Feldweg schreitet, als sei das die Champs-Élysées. Ich erkenne mich, ein Mädchen mit einer Jungenfrisur im grünen Kleidchen, das nicht mit der Kamera kokettiert. Meine Großmutter Paula auf dem Ledersofa mit Marie, meiner Mutter und mir. Meine Mutter schaut aus, als sei sie einem jungen, schicken Modejournal entstiegen, Marlenehosen, eine Bluse, die heute ETRO wäre, die Frisur, die lackierten Fingernägel. Sie ist sechsundzwanzig und so schön, dass ich den Blick nicht abwenden kann. Und dann sehe ich es: Meine Mutter fühlt sich falsch an diesem Ort, ich sehe diesen dunklen, melancholischen Blick, ich sehe, dass sie nicht da ist, wo sie sitzt. Und ich sehe Paula und Marie, die sich um mich, das Kind mit der Puppe und den ausnahmsweise einmal schlecht geschnittenen Haaren, kümmern. Sie kümmern sich, wie immer. Ich bin sechs Jahre alt auf dieser Fotografie. Das weiß ich, weil meine Haare mit sieben und acht Jahren länger waren, weil ich mit diesen halblangen glänzenden Mireille-Mathieu-Haaren, die ich nur kurze Zeit tragen durfte, und in echten Clogs und Latzrock aus Jeansstoff einmal auf der Isola Bella im Lago Maggiore das Mädchen sein durfte, das seiner Mutter in nichts nachstand. Danach kam dieses Haar wieder ab.

Meine Großmutter wurde in einem Dorf namens Aßmannshardt geboren, das es nach dem Dreißigjährigen Krieg eigentlich nicht mehr gab. Alle Einwohner waren durch Mord und Totschlag und Hunger, Pest oder Vergewaltigung gestorben, das Dorf zuletzt abgebrannt. Als neue Siedler kamen Menschen aus dem Montafon in Vorarlberg, also ungefähr von der anderen Seite des Bodensees. Warum auch immer das geschah. Meine Großmutter ist in diesem Dorf aufgewachsen. Ihre Mutter war eine strenge, kalte Frau, sagt meine Mutter, aber auf den Fotografien, die ich von ihr kenne, sieht sie weich aus und dadurch jung, auch wenn sie da schon sehr alt gewesen sein muss. Der Vater, der Großvater meiner Mutter, lebte lange und war der liebenswerteste Mensch, den man sich vorstellen konnte, sagt meine Mutter. Good cop, bad cop! Das sage ich. Er war ihr Ersatzvater. Das sagt sie. Und was sie ohne ihn gemacht hätte! Ein Leben ohne ihn wäre unmöglich gewesen.

Es gibt keine Ordnung in den Fotokartons, es gibt Bilder und Bilder, Hunderte, klein und etwas größer, solche, die ausschauen, als seien sie unendlich viele Male in den Händen gedreht und gewendet worden, und andere, vergilbt zwar, aber wie unberührt. Von manchen gibt es gleich mehrere Abzüge, als habe jemand vorgehabt, sie zu verschenken. Und es bleibt nicht aus, dass die Fotografien in meinen Gedanken beginnen ein Eigenleben zu führen, dass sie sich über den Kopf von Paula hinweg an mich wenden, du darfst uns erzählen, sagen sie, wie auch immer du willst. Wir sind da.

Sie sind Verführer. Sie tun so, als gäben sie bereitwillig alles preis, aber sie bleiben im Widerstand. Wortlos. Papier.

Und wenn ich meine Großmutter gefragt hätte? Darf ich das?

Sie war keine Geschichtenerzählerin, sie war eine, die betete, eine, die in sich versunken blieb, sie hätte nicht geantwortet. Sie hätte nein gesagt, indem sie nicht ja gesagt hätte.

Sie hat mir das Rosenkranzgebet mitsamt seiner fünf Gesetze erklärt, da lag ihr Rosenkranz auf ihrem Tisch und bewegte sich nicht. Sie hat mir erklärt, wann welches Rosenkranzgeheimnis folgen muss und wann man freudenreich und wann schmerzhaft betet. Ich habe es immer wieder vergessen.

Sie selbst machte das unzählige Male am Tag und in der Nacht bestimmt auch: Ihre Hand bewegte sich dabei in ihrer Schürzentasche wie ein kleines Tier, das sich nicht zeigen will bei der Arbeit. Dabei ist der Rosenkranz nichts als eine Perlenkette. Daran ein Kreuz. Nicht mehr und nicht weniger. Was nicht wahr ist. Die Zahl der Perlen steht fest und wie man ihn betet und wann man ihn betet. Und wenn man daran glaubt, dann hilft das, sagte sie. Von weit oben schaut einer zu, er meint es gut, wenn man freundlich ist, er vergibt alles, wenn man sich nur genügend zu ihm hinwendet, sagte sie. Das Leben und Gottes Liebe hängen davon ab, wie viel, wie oft und wie gut man betet. Das verstehe ich als Kind. Betet man falsch, ist man gefährdet. Betet man zu wenig, stirbt man leicht. Betet man seine Sünden nicht weg, ist es um einen geschehen. Deshalb habe ich auch gebetet. Darum, dass ich am nächsten Tag wieder aufwache, wenn der Tag schön war, und darum, dass ich am nächsten Tag wieder aufwache, wenn der Tag schlimm war, weil ich heimlich schlecht über jemanden gedacht habe und heimlich geflucht habe. Es war auch möglich, ohne Rosenkranz zu beten, abends im Bett, die Beine angezogen, den Oberkörper darüber gebeugt, den Scheitel gegen die Wand gelehnt, beim Yoga heißt das Kleinkindstellung. Zwanzig Vaterunser, zwanzig Ave-Maria, heißt das bei der Beichte, Versenkung bei beidem und dazwischen die Bitten, es möge mir verziehen werden, ER möge mir verzeihen. Ich betete darum, dass ich wieder aufwache, falls ich einschlafe und deshalb zu wenig gebetet habe, und darum, dass meine Mutter und mein Vater und mein Bruder nicht sterben.

Ich habe nicht gewusst, ob Gott mich sieht und mich hört, nur wollte ich nicht, dass meine Großmutter stirbt. Sie sollte mich nur in Ruhe lassen mit ihren Gebeten, die sie angab für mich zu beten, dabei betete sie die Gebete gegen ihre Angst. Später wollte ich, dass sie stirbt. Als ich das schon wieder nicht mehr gewünscht habe, starb sie wirklich.

Was macht einen Menschen aus? Und wie geht das, dass jemand sich auffüllt, sich anfüllt zu einer lebendigen Person, jemand, der alles dafür getan hat, nichts von sich preiszugeben? Die Stimme, wie sich ihre Stimme findet, wie du versuchen musst, dich ganz nah an sie heranzudenken, damit du sie fühlen kannst, sie hören, das innere Raunen, das stille Gespräch, das Denken im Gebet. Das Tasten, die Unmöglichkeit der Annäherung, wenn du dich nicht selbst in die Erinnerung begibst. Die Unmöglichkeit, die Wahrheit zu erfinden. Die Pflicht zur Präzision. Die Pflicht zur Fiktion, um die Lücke zu schließen, zwischen Bild und Bild, Bruchstück und Bruchstück. Das Aushalten der dauernden Brüche in der Erinnerung, der Abbrüche der Beziehung zu ihr, als schaffte sie es noch immer zu sagen: Du darfst mich nicht wissen. Du darfst mich nicht erzählen. Wie weit reichen Verbote? Wie weit das Schweigen? Ihre Verweigerung auch in der Erinnerung. Ihr Verbot, sie, Paula, zu erfinden, noch über den Tod hinaus. Das Gebot zu schweigen. Und dann: Wie aus Verschwiegenem Wörter werden.

Säße man um einen Tisch herum, erzählte man sich die Geschichten, spräche man Nächte hindurch, heiter und traurig, vielleicht füllte sich dann ein Leben auf?

Aber das verschwiegene Leben von Paula ist verschwiegen geblieben, wie ein Virus hat sich das Schweigen in das Leben unserer Familie geschlichen, wie ein Virus, das sich von Mensch zu Mensch und von Generation zu Generation überträgt.

Und du dachtest, nicht nur als Kind, auch später noch denkst du, dass es vielleicht nur die Tiere sind, die sich in diesen verschwiegenen Gegenden zurechtfinden. Es sind vielleicht ihre Körper, die sich darin einen Weg bahnen, es ist vielleicht ihr Fell, das sie schützt. Es ist vielleicht die andere Sprache. Das Maunzen und Grunzen, das Jaulen und das Miauen und wie die Vögel klingen im Frühling, im Sommer, wie sie im Winter verklingen. Du vermutest, dass es Tiere gibt, die das Schweigen in ein stilles Sprechen verwandeln, und solche, die rein gar nichts bewirken in der Menschenwelt.

Da bin ich sieben Jahre alt. Ich gehe auf der Mauer und versuche, nicht auf das Moos zu treten. Wer auf Moos tritt, stirbt und fällt ins Grab. Das ist kein Spiel. Vom Grab meiner Urgroßeltern aus gehe ich der Mauer entlang hinüber zur Wassertankstelle, pumpe ein Mal und trinke dabei aus dem Eisenhahn. Dann pumpe ich noch drei Mal. Wasser läuft in den Trog. Das Geräusch ist schön. Drei ist eine gute Zahl. Sie ist sicher. Ich gehe auf der Mauer zurück. Ich darf das nur, wenn keine anderen Menschen auf dem Friedhof sind. Das Moos auf der Mauer ist schwarz und braun und gelb und rot. Und nur an manchen Stellen grün.

Warum eigentlich ist das so, habe ich meine Großmutter gefragt, aber sie hat keine Antwort gegeben.

Das kommt vom Alter der Moose, hat mein Onkel Gustl gesagt.

Nachdem ich genau neun Mal bis zwanzig und ein Mal bis drei gezählt habe beim Gehen, komme ich am Grab an. Ich kann von der Mauer auf das Grab hinabschauen.

Meine Mutter sagt, da ist noch ein Kind drin im Grab. Es hat keinen Namen. Es liegt unter der Urgroßmutter und unter dem Urgroßvater.

Warum hat es keinen Namen?

Es hat einen offenen Rücken gehabt, sagt meine Mutter, und dass ihr Tante Marie, die Schwester von Großmutter, das erzählt habe. Es kann aber auch sein, dass es die andere Schwester war, Theresia.

Wie muss ich mir das vorstellen, frage ich mich, dass da der Rücken nicht zugewachsen ist, dass man alles sieht, was in dem Menschen drin ist. So wie auf den Schulbuchabbildungen im Sachkundeunterricht.

Warum eigentlich wächst man nicht zu?, frage ich.

Es gibt alles, sagt meine Mutter. Wenn man einen offenen Rücken hat, dann hat man auch einen Schaden am Hirn.

Der Junge, der der Bruder meiner Mutter hätte sein sollen, hatte also einen Schaden am Hirn.

Sie sind von der gleichen Hartnäckigkeit, Paula und ihre Schwester Marie. Wenn sie nicht sprechen wollen, dann sprechen sie nicht. Sie tragen die gleichen bunten Schürzen, als lebten sie noch immer vor zwanzig Jahren und auf dem Dorf, wo es schmutzig zugeht. Es geht bei uns nicht schmutzig zu. Tante Marie und ihr Mann erfüllen uns allerlei Wünsche. Man muss nichts dafür tun und auch nichts dafür sein lassen. Mein Bruder und ich sind die Patenkinder, und für die tut man alles, wenn man keine eigenen Kinder hat. Von Tante Marie und ihrem Mann Gustl habe ich Tiernamen gelernt, und wie man Rehe streichelt. Mit ihnen besuchte ich alle Tiergehege und alle Erlebnis-Spielplätze, die mit einem Goggomobil innerhalb eines Tages zu erreichen waren, wenn man, bevor es dunkel wurde, zurück sein wollte. Von ihnen habe ich Blumen und Steinnamen gelernt und wie die Schwäbische Alb überhaupt entstanden ist. Ich lernte Ton, Kalk und Mergel zu unterscheiden.

Ich sitze hinten im Goggo und meine Tante Marie sitzt neben mir, und wenn der Onkel mit uns spricht, sagt meine Tante: Guck nach vorn! Weil sie anscheinend nicht sieht, dass er uns gar nicht anguckt oder nur durch den Rückspiegel, wo er mir dann durch seine dicke Brille zuzwinkert. Ich sitze hinten und die Landschaft draußen sieht so aus, wie der liebe Gott sie immer haben wollte, würde meine Oma Paula sagen, die glücklicherweise nicht dabei ist. Tante Marie riecht nach 4711 und ich finde nicht, dass das stinkt, aber ich habe nicht so gerne, dass sie sich an mich schmiegt, ich will nicht so riechen. Ich habe das grüne Kleid an, mit den langen Ärmeln und dem weißen Besatz, ich wachse gerade aus dem Kleid heraus, weil man sehr wächst, bevor man eingeschult wird. Das Kleid ist zu warm für so einen Tag ohne Wolken im Goggomobil. Ich schaue nach draußen, und obwohl alles so schön aussieht, bin ich nicht glücklich. Und nicht froh. Ich habe Angst, dass etwas passieren könnte, denn ich habe etwas Schlechtes gedacht, und ich darf es auf keinen Fall noch einmal denken und noch einmal sagen, und wenn ich jetzt nicht gleich bete, wird es passieren. Ich kann das Vaterunser und das Ave-Maria genauso gut im Schlaf wie mein Nachtgebet. Ich versuche beim Beten nicht zu murmeln, ich starre aus dem Fenster und denke das

Gebet stumm in mich hinein, weil das niemand zu wissen braucht, weil das mein Geheimnis ist. Wenn ich das Vaterunser zwei Mal ohne Unterbrechung schaffe, passiert nichts. ER ist zuständig für meine Sünden. Die Muttergottes ist zuständig für meine Hoffnung. Manchmal besteht darin kein großer Unterschied, weil ich Dinge erhoffe, die nicht schön sind.

Aber jetzt höre ich die Tante sagen: Schau mal, dieser riesige Baum, und ich nicke und lasse mich nicht rausbringen.

Schau mal, die schwarzen Kühe, sagt die Tante, da habe ich ein Vaterunser bereits geschafft.

Hast du schon einmal so schwarze Kühe gesehen, sagt meine Tante Marie und ich kann nicht antworten, weil ich es sonst nicht schaffe. Ich nicke und sie sagt: Wirklich?

Und der Onkel von vorne sagt: Natürlich, als wir letztes Mal dran vorbeigefahren sind.

Ich komme weiter im Gebet, das ist gut, während ich konzentriert aus dem Goggomobilfenster auf die Kühe schaue, die gar nicht so schnell verschwinden, weil so ein Goggo nicht besonders schnell fährt.

Das habe ich vergessen, sagt meine Tante, gell, natürlich, sagt sie, die hast du schon einmal gesehen.

Ich nicke.

Sie streicht mir mit der Hand übers Haar, das meine Mutter mir wieder einmal hat kurz schneiden lassen, weil das praktischer ist, aber ich sehe damit aus wie ein Junge, würde ich das Kleid nicht tragen. Meine Mutter sagt, ich hätte eh ein Junge werden sollen, und dass so die Frauen in Paris aussehen. Meine Mutter verehrt die Pariserinnen und sieht auch selbst ein wenig so aus. Ich atme tief durch, als ich es geschafft habe.

Ich sage: Ich habe die Kühe schon mal gesehen.

Sie haben so einen schwarzen Pelz wie du, sagt Tante Marie.

Ich habe keinen Pelz, sage ich. Ich habe Haare.

Dass ich bereits damals die von meiner Mutter später viel gepriesene Krone-Schmalz-Frisur trage, weiß ich noch nicht.

Der Onkel vorne lacht und die Tante streicht mir noch einmal mit der Hand übers Haar. Ich kann mich nicht entspannen.

Warum hat die Oma keinen Opa, frage ich. Ich habe lange darüber nachgedacht. Wenn man es so formuliert, ist es kein schlimmer Gedanke. Es ist besser, ich denke nicht, dass kein Mann die Oma mag. Ich habe das gut überlegt.

Die Hand meiner Tante Marie streichelt mein Haar nun viel schneller, so schnell, als wollte sie es glattbügeln, und dann sagt sie: Das hat halt nicht sein sollen.

Und mein Onkel sagt: Du hast ja uns.

Aber die Mama hat keinen Papa, sage ich, das weiß ich noch wie heute, und die Antwort kenne ich auch.

Doch, hat mein Onkel gesagt: Der war ein Zigeuner!

Eine Lücke ist eine Leerstelle, und es kann sein, dass sie eine Leerstelle bleibt. Nicht mehr zu schließen, beim besten Willen nicht. Weil niemand sagt: Ich kenne die fehlenden Variablen, ich habe den Fingerabdruck, um das Geheimnis zu lüften, den Pin, den Puk. Weil es keine Formel gibt und kein

Passwort, weil jemand, dessen Zellen du in dir trägst, ein Niemand geblieben ist. Namenlos, staatenlos, ohne Bild, Pass, ohne Eintrag im Geburtsregister, das deine Mutter verzeichnet. Ein Mensch, ein Mann, der nur eines sicher nicht war, hellhäutig und blond oder ganz schwarzhäutig. Und gerade deshalb oder weil du spürst, dass du etwas in dir trägst, was du nicht kennst, stierst du, starrst du darauf, auf dieses Nichts, von dem du wünschst, es gäbe sein Geheimnis preis, je länger du es wendest, je länger du es umkreist, wie Hyänen ihre Beute einkreisen. Zuerst fragst du, dann phantasierst du. Vieles ist möglich, nicht alles.

Sie gehen oft gemeinsam in die Kirche, als sie bereits ältere Damen sind, meine Tante Marie und Paula, meine Großmutter. Ich glaube nicht, dass sie viel miteinander sprechen, aber wenn sie sprechen, spricht vor allem Marie. Jedenfalls vermute ich das. Sehe ich die beiden von hinten, was immer wieder geschieht, weil ich ihnen auf Rollschuhen folge, ist Marie die schmalere, Paula die kräftigere Person; sie gehen im Gleichschritt, die Handtasche tragen sie in der rechten Armbeuge. Ein lilagrauer Haarschopf und ein brauner wenden sich einander niemals zu, nur manchmal berühren sich zufällig ihre Arme beim Gehen, dann rücken sie ein wenig auseinander, biegen um die Kurve den Berg hinab und sind verschwunden. Ich bleibe oben in der Kurve stehen, ich schaue ihnen hinterher, bis sie unten beim Bauern in der nächsten Kurve verschwinden. Ich bin frei. Niemand beobachtet mich mehr. Ich fliege auf Rollschuhen die Straße entlang.

Wie meine Großmutter sitze ich gerne am Fenster und wie meine Großmutter schaue ich gerne ins Grüne. Ich gerate in eine Stille, von der ich mir wünsche, dass auch sie solche Momente erlebt hat. Manchmal, wenigstens. Ich höre sie sagen, siehst du das Eichhörnchen, siehst du den gelben Schmetterling, ich höre sie sagen, muss der Bauer um diese Zeit noch so einen Krach machen. Ich höre sie in ihrer Sprache sprechen. Dialekt, in dem der Satz mit dem Bauern heißt: muos der um dia Zeit no so 'n Krach macha. Ich höre sie die einfachsten Dinge der Welt sagen, aber sie bedeuten viel, weil sie das Einzige waren, worüber sie sprach. Alles andere machte sie mit sich selbst aus. Ich höre für sie den Hahn krähen und ich sehe für sie die Wäsche im Wind. Ich höre sie sagen, komm, bleib ein bisschen. Es ist möglich auf der Terrasse und es ist möglich am Fenster, von dem man auf die Wiese sehen kann. Es ist nur möglich, wenn wir, meine Großmutter Paula und ich, die Natur betrachten, wenn wir auf Tiere schauen. Sie brechen das Schweigen. Es ist unmöglich, auch heute in Gedanken unmöglich, neben ihr am Tisch zu sitzen, außer wir sind ganz in das Essen vertieft, unmöglich, neben ihr auf dem Sofa zu sitzen, außer es kommt Bonanza. Sofort gerate ich in unheilvolle Gedanken, sofort geraten die Wörter ins Stocken, verliere ich meine Stimme. Komme ich zu nahe an sie heran, kann ich meist nicht mehr über sie schreiben. Ich lehne mich zurück und in der Bewegung der Blätter des Kirschbaums kann ich ihr wenigstens zuschauen. Aus der Ferne. Dann ist Stille.

Manchmal sitzen sie nebeneinander auf dem Sofa, aber sie vermeiden es, sich zu berühren. Marie ist mit Gustl da, ihrem Mann, der ein großer Witzemacher ist, aber meine Großmutter hat für Witze nichts übrig. Mit Gustl redet sie nicht. Vielleicht hat sie überhaupt für Männer nichts mehr übrig. Sie sitzen alle drei bei uns auf dem Sofa und Gustl redet mit meinem Vater und dazwischen mit mir oder meinem Bruder und Tante Marie redet auch mit mir oder mit meinem Bruder, und dazwischen faltet sie ihre Hände im Schoß. Sie betet nicht. Das weiß ich. So etwas sehe ich inzwischen sofort. Sie ist wie ein Bussard. Meine Großmutter ist wie eine Eule, nur nachts oder wenn niemand da ist, wird sie zum Bussard und sucht nach Beute. Meine Mutter spricht dabei kaum. Am liebsten spricht sie mit Gustl. Sie findet seine Witze lustig. Wir Kinder finden es lustig, wenn er Computer sagt, als hinge ein Geflügel-Tier im Wort. Wenn er Rummerige sagt, obwohl er es besser weiß oder vielleicht auch nicht, und das sein größter Held auf dem Fußballplatz ist. Meine Großmutter hat die Hand in der Schürzentasche. Der Bussard neben ihr sieht die Maus. Dann hält die Maus still. Meine Großmutter schweigt.

Du erinnerst dich noch an die Taube Tamara, die im Garten gelandet war mit verletztem Flügel, sie kam als Zeichen. Sie trug nicht den Brief des Großvaters, aber es war durchaus möglich, dass sie ihn hätte tragen sollen, es war durchaus möglich, dass sie ihn getragen hatte, dass er verloren gegangen war auf der Reise. Die Tiere sprechen nicht, aber Tamara gab Klopfsignale mit ihrem Schnabel, Morsezeichen, womöglich aus einem anderen Land, erzähltest du deinen Freundinnen und allen, die es wissen wollten. Eine Brieftaube kommt nicht einfach so zu dir, sagtest du. Sie hat einen Auftrag und ein Ziel. Das Schweigen dieser Taube war ein gutes Schweigen, es war ein Zeichen für ein Geheimnis, das leicht zu deuten war, wenn du dich nur ein wenig anstrengtest. Bei Tieren ist es einfach zu sagen, du weißt, was sie denken und was sie tun. Du hast die Deutungshoheit.

Als meine Großmutter einmal nicht schweigt, ist Knecht Ruprecht zu Besuch. Ich sitze unter dem niedrigen Wohnzimmertisch neben ihren strammen Waden, neben dem eingebundenen kranken Bein, das immer krank ist, ohne dass man weiß, was ihm fehlt, und ich sehe auf die Stiefel vom Nikolaus und vom Knecht Ruprecht und ich verstehe noch lange nicht, dass der Nikolaus der Chef ist und der Ruprecht nur sein Erfüllungsgehilfe. Die Vergehen eines Jahres stecken im Rucksack von Knecht Ruprecht, er hat sie von jedem Kind aufgeschrieben und eine Rute dabei. Er kann schlagen, und er wird es tun. Er wird es genauso tun wie die Schwester Soteris im Kindergarten mit dem Kehrwisch und mein Vater mit der Hand. Nur wird es mehr wehtun, weil die große Rute, die er dabeihat, stärker drischt.

Aber es passiert nichts, hat mein Vater gesagt, wenn du lieb bist.

Ich bin nicht immer lieb. Ich habe schlechte Gedanken und habe im Garten der Nachbarn ungefragt Himbeeren gegessen und ich will unbedingt das Spielzeugauto von Bubi Bernd haben.

Du sollst nicht begehren, sagt meine Großmutter, das sagt auch Schwester Soteris.

Wenn nichts mehr hilft, beiße ich, ich beiße nur, wenn es notwendig ist oder ich mir zurückgesetzt vorkomme. Ich beiße auch meinen kleinen Bruder. Erwachsenen tut der Knecht Ruprecht nichts, auch wenn sie ihren Kindern den Hintern versohlen. Ich sitze unter dem Tisch neben den zu dicken Unterschenkeln meiner Großmutter und ich sehe die Strumpfhalter unter dem Rock, aber weil ich das schon kenne, lenkt es mich nicht ab. Ich zittere. Ich will um nichts auf der Welt gesehen werden und auch nicht verdroschen. Ich heule, aber nur so, dass man es nicht hört. Ich heule so leise, wie ich nur kann, und wage kaum zu atmen.

Ich habe gehört, hier gibt es ein Mädchen, das immer brav in den Kindergarten geht, sagt die Stimme.

Meine Großmutter sagt: Das ist wirklich wahr.

Ich habe gehört, hier gibt es ein Mädchen, das immer brav seine Sachen aufräumt.

Ich warte.

Meine Großmutter reagiert leider nicht so schnell, aber dann sagt sie doch: Das stimmt.

Ich höre, hier wohnt ein kleines nettes Mädchen.

So ist es, sagt meine Großmutter.

Wo ist denn das kleine Mädchen?, fragt die Stimme.

Ich zittere noch mehr, und weil ich so zittere, stoße ich mit dem Kopf gegen den Tisch und es gibt ein lautes Geräusch, und mein Bein verrutscht und schaut für einen Moment unter dem Tisch hervor, und ich ziehe es sofort wieder ein, aber weil mein Bein so zittert, schlägt es gegen das Tischbein, und der Resopaltisch fällt fast auseinander.

Warum will sich das kleine Mädchen denn nicht zeigen?, fragt die Stimme.

Meine Großmutter sagt nun leider nichts.

Ich zähle ganz langsam, weil ich bisher nur bis zehn zählen kann, und ich komme bis vier, da sagt die Stimme: Können wir das kleine Mädchen mal hervorlocken?

Nein, sagt meine Großmutter sofort, sie bleibt, wo sie ist.

Das südliche Oberschwaben, Aßmannshardt genauso wie die noch südlicheren Gebiete auf der deutschen Seite des Bodensees und Vorarlberg wurden nach der Befreiung von den Franzosen und also auch von den Marokkanern besetzt. Man liebte sie und man hasste sie. Sie haben Heil gebracht und Unheil. Im bunten Karton meiner Großmutter finde ich eine Fotografie von drei strahlenden Männern, die an einem Fluss stehen, vermutlich die Donau. Zwei davon sind sehr dunkelhäutig und tragen Uniform, der dritte, hellhäutiger als die anderen, trägt Arbeitskleidung. Er zeigt mit dem Finger auf den Fotografen. Ich meine in seinem Gesicht etwas erkennen zu können, was ich auch im Gesicht meiner Mutter auf frühen Fotografien entdecke: die schmale Augenpartie, die ausgeprägte Nasenform, die Konturen des Gesichts, das Leuchten der Augen. Dieses Leuchten aus einer Traurigkeit heraus. Ich kann mich auch täuschen. Für nichts gibt es einen Beweis.

Es kann also auch sein, alles ist ganz anders und das Kind stammt nicht von einem Polen, sondern von einem Marokkaner ab. Fatima Berber. Meine schöne Mutter.

Schaue ich in den Spiegel oder auf Fotografien, erkenne ich in meinem Gesicht immer mehr auch das Gesicht meiner Mutter. Die kleinen Falten um den Mund herum, die schmalen gefiederten Falten an den Seiten des Kinns, die ich nicht mag. Auf keinem der Fotos, die ich von meiner Mutter besitze, erkenne ich in ihrem Gesicht auch das meiner Großmutter. Sie haben keine Falten, die einander ähneln. Der Einfluss des Vaters auf das Aussehen meiner Mutter war bedeutend. Ich suche in allen Männergesichtern das Gesicht meiner Mutter.

Und dann halte ich diese Fotografie in den Händen, Paula, als junges Mädchen, neben ihrer Mutter Josephine, und ich sehe, sie könnten Schwestern sein, trennten sie nicht zwanzig oder fünfundzwanzig Jahre Leben. Und wären sie Schwestern, wären sie solche, die gerade aus dem Wald gekommen sind, der ihnen keine Angst macht, keine verführbaren Rotkäppchen, sondern Mädchen, Frauen, die sich etwas trauten. Es ist keine Angst in ihren Gesichtern. Nichts von der Angst, die ich später häufig im Gesicht meiner Großmutter lesen kann.

Es gibt eine Fotografie, auf der sitzen meine Großmutter und ihre beiden Schwestern an einem Wiesenrand, sie lachen. Und ich sehe, es ist die Art des Sitzens, es ist die Haltung und es sind vielleicht die Augen, die ihre Ähnlichkeit ausmachen. Das kleine Mädchen zwischen den beiden Schwestern meiner Großmutter hat diese Ähnlichkeit nicht, und obwohl ich nicht weiß, wer dieses Kind ist, es ist nicht meine Mutter, interessiert mich dieses fremde Kind, das Mädchen im weißgeschürzten Sonntagskleid, eine Schleife im Haar, zwischen den fröhlichen Schwestern, weil ihm die Angst im Gesicht steht, weil es etwas sieht, was ihm nicht gefällt. Es muss hinschauen, obwohl es eigentlich wegschauen will, und vielleicht gefällt es ihm doch. Und dann sehe ich, dass nur meine Großmutter und das Mädchen in die gleiche Richtung schauen, dorthin, wo die Kamera ist, dorthin, wo der Fotograf steht, dort, wo etwas so lustig wie beängstigend sein muss, und ich denke an Tiere. Ich denke an einen Mann mit einem Affen, einen Mann mit einem Kamel, einen Mann mit einem Papagei, einen Mann mit einem Löwen. Und obwohl ich mir am liebsten vorstelle, dass die Schwestern einen Löwen sehen, ist der Löwe ganz unwahrscheinlich. Nicht im Gesicht des Mädchens, aber im Gesicht meiner Großmutter, in den Gesichtern der Schwestern. In ihren Gesichtern tanzt ein Affe Tango oder ein Papagei singt ein komisches Lied. Ich frage mich, was eine Fotografie kann außer einen Augenblick festhalten, Menschen in einem Augenblick, in einer Emotion, in einer Zusammenkunft, in einer Verbindung? Was gibt mir die Fotografie mehr als die Gewissheit, dass es meine Großmutter, ihre Schwestern, ihre Eltern und alle anderen bereits gab, als es mich noch nicht

gab? Was erzählen mir Fotografien, wenn ich der abgebilde-
ten Situation, der Landschaft und den Figuren nicht eine
Geschichte aufzwinge? Das Mädchen hat Angst. Die Schwestern lachen. Alle vier kennen sich. Die Wiese steigt auf zu
einem Hügel. Es ist Frühling. Die Blumen sind dazu der
Schlüssel.

Dass der Puppenwagen das Schönste war, was sie besaß, und
diese Puppe die schönste Puppe, die man damals besitzen
konnte, und wie stolz sie war und wie sie gehütet hat, was
ihr gehörte, sagt meine Mutter. Und ich höre stumm zu und
schaue auf die Fotografie, darauf ein Mädchen, ein Kind vor
einem Haus, das aussieht, als könnte es jeden Moment ein-
fallen, so marode und morsch. Vor diesem einfachen Haus
steht das anmutige dunkelhäutige Mädchen im Schnee und
hält stolz und schüchtern und ein bisschen verzaubert diesen Puppenwagen, den ich kenne, weil er lange in unserem
Keller stand, weil er heilig war, weil er so schön aussah, als
käme er aus einem echten Schloss, gehörte er einer echten
Prinzessin. Und ich kenne das Kind, das darin sitzt, das so
aufrecht im Wagen sitzt und vielleicht Tracht trägt. Ich kenne diese Puppe, der ich die Haare abgeschnitten habe, weil
ich glaubte, dass die Puppe wie ich selbst sei, denn die Haare
fühlten sich wie Menschenhaare an. Sie werden wieder
wachsen, dachte ich. In den Porzellankopf hatte jemand
Echthaar eingearbeitet und sich nicht träumen lassen, dass
es einmal ein Kind geben wird mit einer Schere, das gerne
möchte, dass die Puppe wie es selbst ausschaut: kurzhaarig
und ein wenig wie ein Junge. Und wie die Mutter erstarrt,

als sie sieht, was geschehen ist, und wie sie beginnt, die traurige Geschichte eines Mädchens zu erzählen, das nicht viel besessen hat außer einem Hund und der Puppe und dem Prinzessinnen-Kinderwagen mit den Rädern aus Emaille und Gummi, aus dickem lackiertem Kunststoffgeflecht in einem eleganten Eierschalenweiß und einem Verdeck für die Sonne, das sich lösen ließ. Da war ich so alt wie du, sagt meine Mutter. Und wie unmöglich es ist, nicht zu weinen, weil ich mich schäme.

Meine Mutter sagt, sie habe abgeschlossen mit der Sache, schon lange. Sie habe ein gutes Leben gelebt. Die Fotos gehören dir, sagt sie, ich will sie nicht haben. Es ist eh nichts mehr herauszufinden, sagt sie. Alle schweigen, sagt sie. Alle, das ist zu diesem Zeitpunkt meine Großtante, die noch lebt. Sie hat doch auch nie etwas gesagt, sagt meine Mutter. Das stimmt. Als ich einen Roman schreibe über den polnischen Zwangsarbeiter, der ihr Vater hätte sein können, ist meine Mutter beunruhigt; einen Roman über einen Menschen, den wir beide nicht kennen, niemals gesehen haben, nicht einmal seinen Namen wissen, über einen Menschen, der auf einer Fotografie aufgetaucht ist zwischen all den Fotografien meiner Großmutter, der nichts als eine Mutmaßung ist. Als meine Mutter diesen Roman liest, schläft sie eine oder zwei Nächte lang nicht. Als sie ihn zu Ende gelesen hat, ruft sie mich an, sie erzählt mir von der Anstrengung, vom Schmerz, aber auch vom Glück, das die Erzählung bei ihr ausgelöst hat, und schließlich stellt sie mir die Frage: Woher kennst du den so gut?

Ich muss lachen, weil es das schönste Kompliment ist über eine Kunstfigur, das man bekommen kann.

Ich habe einen Menschen erfunden. Ich brauche mehr als zwei Jahre, bis mich Janek Biliński, die Kunstfigur, die mir selbst so möglich, so wirklich erscheint, wieder verlässt.

Obwohl in unserem Haus auch noch mein Vater und mein Bruder wohnen, wird alles von den Frauen bestimmt. Meine Großmutter Paula und meine Mutter sitzen aufeinander wie Feuerwanzen beim Begatten, aber eigentlich können sie es nicht miteinander aushalten. Ich will das verstehen. Ich spüre die Unruhe in allen Ritzen des Hauses, ich höre Wörter, wo keine sind, ich muss das alles beobachten, damit ich es aushalte. Nachts habe ich schlimme Träume. Das ist mit fünf Jahren so, es ist mit vierzehn so, und später wird es auch noch so sein. In der Erinnerung vermischen sich Zeiten immer mit anderen Zeiten. Angst mischt sich mit Angst. Die Angst vor Einbrechern mit der meiner Großmutter, dass mir als Mädchen etwas zustoßen könnte. Die Angst vor giftigen Pflanzen mit der, dass ich mit meinen bösen Gedanken jemanden aus meiner Familie töte. Die Angst vor dem Sterben ist die verheerendste Angst, aber auch sie findet sich manchmal mit einer anderen Angst zusammen.

Es beginnt zu donnern. Draußen türmen sich die schönsten Wolken, grau in grau schieben sich die Massen des Himmels in- und übereinander und ich schaue voller Ehrfurcht aus dem Dachfenster. Meine Großmutter geht durch die Wohnung und zieht alle Stecker aus den Steckdosen. Der Fernseher kommt vom Netz. Meine Mutter macht ein

Stockwerk tiefer das Gleiche, weil Angst ansteckend ist. Ich schaue den Blitzen zu in der Ferne, höre den Donner in der Ferne und es könnte so schön sein. Meine Großmutter zündet Kerzen an, sie sind geweiht, das weiß ich, andere Kerzen taugen nicht gegen Gewitter und Tod und Teufel, sie zündet überall Kerzen an und nun ist es erlaubt: Sie beginnt zu beten, weil man, nur wenn man betet, vor dem, was sich da im Himmel zusammenbraut, geschützt ist. Sie sagt, du musst das Dachfenster schließen, weil es gleich losgeht. Aber ich will sehen, wie es losgeht, ich will zählen, wie viele Sekunden vergehen zwischen Donner und Blitz, das hat mir mein Vater beigebracht, aber sie sagt, es ist gefährlich. Ich spüre die Angst im Raum, die Angst hat einen sehr eigenen Geruch. Meine Großmutter riecht oft danach. Draußen, wo das Gewitter ist, ist das Leben, und dort, wo wir sind, sitzt die Angst. Ich sitze mittendrin, und wenn ich herauswill, muss entweder das Wetter gut sein, oder ich muss mich in mich hinein vergraben. Aber auch dort ist es inzwischen unsicher. In mir lauern Gefahren, vor allem vor schlechten Gedanken. Wie alt ich bin, ist heute egal, zehn oder elf oder zwölf. Wir wohnen bereits in dem Haus, in dem nichts besser wird.

Ist das mein Opa?

Nein.

Dann das?

Sie sagt nichts. Ich stupse sie in die Seite. Hmm? Ist er das? Das ist er, oder?

Sie schüttelt den Kopf.

Warum sagst du es mir denn nicht?

Wir sitzen auf ihrem Sofa. Ich bin nicht mehr ganz klein, wir sitzen einmal mehr vor den Fotos, die in einer Schublade ihrer Kommode liegen, genauso wie mein Babyalbum. Weil ich mir gerne erklären lasse, wie ich als Baby war, hole ich das rote Album aus der Schublade, und dabei sehe ich auch immer ein anderes Album und die Fotos in den Kartons. Meine Großmutter möchte nicht, dass ich sie herausnehme, so wie sie jetzt nicht antworten möchte. Ich spüre, dass sie aufstehen will, deshalb lehne ich mich noch mehr gegen ihre Flanke. In ihrer Armbeuge ist es warm. Ich schaue zu ihr auf und sehe, wie sie auf dieses Foto mit dem Mann schaut, der lächelt.

Ist er das?, frage ich.

Sie klappt das Album zu. Du musst noch Hausaufgaben machen, sagt sie. Ich weiß, dass sie weiß, dass das nicht stimmt. Hausaufgaben werden nachmittags gemacht. Aber jetzt ist es schon kurz vor Bonanza.

Meine Großmutter drückt sich aus dem Sofa heraus, sie nimmt das Album und sagt: So, jetzt ist Schluss.

Warum denn, Oma?, frage ich. Sie geht aus der Tür.

Nach zwei Minuten folge ich ihr. Ich habe gehört, dass sie ins Badezimmer gegangen ist. Ich warte vor der Tür. Ich höre nichts. Dann höre ich es rascheln. Ganz laut sage ich: Warum gibst du mir keine Antwort?

Ich halte es nicht aus, so lange zu warten, bis sie aus dem Badezimmer kommt. Es scheint mir ewig zu dauern. Ich gehe nach unten zu meiner Mutter und zu meinem Bruder. Es ist mir egal, ob ich Bonanza verpasse. Soll meine Oma doch einfach ins Klo fallen.

Meine Mutter und mein Bruder sitzen im Wohnzimmer.

Der Tisch fürs Abendessen ist bereits gedeckt, aber mein Vater ist noch nicht zu Hause.

Was ist los?, fragt meine Mutter.

Nichts, sage ich, weil meine Mutter immer sagt, ich soll nicht allen ein Loch in den Bauch fragen.

Vor dem Einschlafen muss ich wegen meines bösen Wunsches sehr viel beten.

Ich habe es schon unzählige Male gemacht und mache es jetzt wieder: Ich lege die Fotografie mit den drei dunkelhäutigen Männern aus dem Karton meiner Großmutter neben das Kommunionsfoto meiner Mutter. Es ist ein Foto, auf dem jeder sehen kann, wie andersartig meine Mutter ausschaut, wie unterschiedlich zum Rest der Familie, aus der sie stammt, zum Rest des Dorfes, zu den anderen Kindern ihrer Schulklasse, die ich ebenso nur von Fotos kenne. Ich schaue auf den Mund des einen Mannes, der weniger dunkle Haut hat als die beiden anderen, ich bin von ihm gebannt, weil er seinen Zeigefinger gegen mich, die Betrachterin, und in der Wirklichkeit wahrscheinlich gegen den Fotografen erhebt, und er lächelt; und wie er lächelt. Ich versuche seine Augenpartie ganz zu erfassen und lasse meinen Blick hinüberwandern zum Foto meiner Mutter. Ich bin sicher, es sind die Augen. Das Weiß darin, der erhebliche Kontrast zur Iris, die Tiefe, die Form. Das Unsymmetrische der Augen und Brauen, das man erst bei genauer Betrachtung erkennt. Es sind die Münder, es ist die Form der Nasen. Es ist die Stirn.

Es ist, sagt mein Mann, auf jeden Fall klar, dass es große Ähnlichkeiten gibt.

Meine Mutter wurde im September im Jahr nach Kriegs-
ende geboren. Sie liegt im Arm meiner Tante Marie, sie ist
ein zartes Kind und der Blick von Marie zärtlich. Marie
selbst wird nie Kinder haben.

Dass sie mit den Tieren gelebt hat, mit dem Großvater und
dem Spitz. Dass sie das Kind war, das nicht dorthin gehört
hat, wo es war, dass ein einziger Raum für sich alleine ge-
reicht hätte. Ein Bett und ein Nachttisch und ein Stuhl und
ein Schrank. Ein Fenster zum Wald. Eine Tür, die man schließen kann. Dass das schon immer so war, dass die Mutter
nichts gab außer Befehle. Wie Kälte sich anfühlt, wie eine
Mutter ohne Wärme sein kann, wie eine Mutter schlecht riechen kann, wie man nicht in der Nähe der eigenen Mutter
sein will, oder gerade doch, weil man denkt, dass alles einmal besser werden muss. Wie es wäre, wenn man es einmal
nicht mehr denkt. Dass man es trotzdem tut. Dass man das
nicht verstehen kann, wenn man es nicht erlebt hat. Dass
man mit fünfzehn alles tut, um nicht mehr den ganzen Tag
dort sein zu müssen, wo es nichts gibt außer der Hoffnung
darauf, dass es doch eines Tages den Tag gibt, an dem man etwas erfährt. Etwas Gutes. Wie sich im Laufe des Lebens die
Erwartung an das Gute in sein Gegenteil verkehrt. Der Blick
meiner Mutter, wenn sie das erzählt, ist wie der Tonfall bitter. Wir wollen schöne Geschichten, wir Kinder. Aber es gibt
nicht viele schöne Geschichten. Es gibt, was es gibt: die Tiere im Garten, die jeden Menschen ersetzen, die Zwetschgen,
die Äpfel und Birnen im Garten und Beeren, Schneewinter
und Schlitten aus diesen Wintern, die besser fahren als ein

neuer. Die Beschreibung eines Hundes, hundertmal in allen Kinderurlauben erzählt, zum Einschlafen, erzähl mir den Spitz! Wie der Spitz unser erster eigener Hund wird, als wäre er wirklich. Wie der Großvater unserer Mutter auch zu unserem Großvater wird, weil wir Kinder niemals einen hatten. Wie großmütig, wie fein dieser Mann war. Das erzählt sie.

Mein Großvater hieß Elizius Haberbosch und war eine Schnecke. Das ist die erste Geschichte, die ich für andere Kinder erfinde. Es gibt ihn also, den Großvater. Ich bin noch in der Grundschule. Ich beginne Schnecken mit Häusern zu sammeln, ich beginne Schnecken von Treppen, von Wegen zu tragen, von Wiesen, die gemäht werden sollen, ich beginne Schnecken mit Häusern vor Menschen zu retten und mein Leben lang wird das so bleiben.

Wir sind in der Gegend von Saintes-Maries-de-la-Mer in Ferien und meine Mutter liebt es, auf Märkte zu gehen. Als wir über den großen Platz mit den Ständen schlendern, wird meine Mutter von einer Roma-Frau angesprochen, die ihr die Hand lesen will, sie sagt, dass darin alles stehe, auch woher sie komme. In den Augen meiner Mutter steht die Angst. Sie schaut meinen Vater an. Sie schüttelt entschieden den Kopf. Nein, sagt sie, dann läuft sie mit schnellen Schritten weiter. Sie will nie mehr auf diesen Markt gehen, sie will nie mehr irgendwohin gehen, wo ihr »Zigeuner« begegnen könnten. Sie will nie mehr nach Saintes-Maries-de-la-Mer fahren.

Es gibt eine Fotografie, auf der ich etwa dreißig Jahre alt bin, da sehe ich aus wie diese Roma-Frau vom Markt. Alle Roma-Frauen wollen mir aus der Hand lesen. Es lieben dich zwei Männer, sagte mir einmal eine. Mama, damit kann man leben.

Dass du mich nicht in Ruhe lässt mit deinen Fragen, sagt meine Tante Marie. Dass das nicht endlich aufhört.

Ich bin in meinem Leben bereits mehrfach für eine Griechin, für eine Marokkanerin, eine Türkin, Halbinderin, Französin oder Italienerin gehalten worden. Ich suche noch immer nach der Wurzel, die diese Vermutungen speist. Woher kommt meine Hautfarbe, das dunkle Drahthaar? Dass man herausfinden kann, aus welchem Land der Vater stammt, dass man die DNA-Genealogie aufschlüsseln kann, indem man seinen Speichel untersuchen lässt, sagt mir mein Schwager, und dass er jemanden kenne, an den ich mich wenden könne. Es beschäftigt mich, aber schließlich stelle ich mir die Frage: Was würde es ändern, wenn mein Großvater anstelle des »Zigeuners« ein Marokkaner oder anstelle des polnischen Zwangsarbeiters ein Marokkaner war, oder eben doch kein Marokkaner oder Pole oder Zigeuner, sondern ein etwas dunkelhäutigerer Pater, aus weiß der Herrgott woher? Auch der findet sich auf den Fotos meiner Großmutter. Das Schweigen wäre nicht gebrochen und der Großvater nicht gefunden.

Nicht meine Mutter erzählt mir als Erste vom Alkoholismus meiner Großmutter. Mein Vater tut es. Er tut es, weil er möchte, dass ich verstehe, warum meine Eltern Paula aufgenommen haben in ihr Haus.

Sie hätte sich totgesoffen, sagt mein Vater. Mit ihrem kranken Bein.

Ich bin zwanzig und augenblicklich verschiebt sich meine Wahrnehmung. Meine Großmutter ist nicht nur eine Täterin, sondern auch ein Opfer. Meine Eltern sind nicht nur Täter, sondern in gewisser Weise auch Opfer ihrer Verantwortlichkeit.

Meine Mutter sagt, sie will keine Fragen stellen. Ich frage nicht, ist ein Lieblingssatz meiner Mutter. Als sei »nichts wissen zu wollen« eine Kompetenz, eine Fähigkeit, eine Regel, die unbedingt in den Benimmkodex aufzunehmen ist. Dabei ist es ihre Angst, keine Antwort zu bekommen. Von wem auch immer meine Mutter keine Antwort bekommt, sie fühlt sich verletzt. Deshalb fragt sie nicht mehr. Sie ist zu oft verletzt worden beim Fragen.

Niemand hat darüber gesprochen und dann fand ich in einer der Fotoschachteln diese Todesanzeige, da war meine Großmutter bereits tot:

Hoffend auf ein Wiedersehen in der Heimat, erhielten wir die für uns noch unfassbare Nachricht, dass unser lieber, guter, hoffnungsvoller, ältester Sohn, Bruder, Schwager und Onkel, mein innigstgeliebter Bräutigam Karl Scheffold (Soldat in einem

Pionierbatl.) in soldatischer Pflichterfüllung am 18. Nov. 1943 im
blühenden Alter von 34 Jahren den Heldentod gestorben ist. Wer
ihn kannte, weiß, was wir an ihm verloren haben. Wir werden uns
trösten in der Hoffnung auf ein Wiedersehen in der ewigen Hei-
mat und bitten, des lieben Gefallenen im Gebete zu gedenken.

    Unterstadion, im Osten, Karlsruhe, Bettighofen, Aßmanns-
hardt, Stuttgart, den 15. Dezember 1943.

    In tiefer schmerzlicher Trauer, die Braut: Paula Haberbosch
und alle Verwandten.

    Trauergottesdienst am Donnerstag, dem 23. Dezember um
10 Uhr, in Unterstadion, Kreis Ehingen.

Meine Mutter wurde erst zweieinhalb Jahre später geboren.
Sie hatte keine Ahnung, dass es diesen Mann jemals im Leben ihrer Mutter gegeben hatte.

Als ich auf die Welt kam, war meine Großmutter zweiund-
fünfzig Jahre alt. Als ich ein Jahr auf der Welt war, starb direkt nach der Geburt mein erster Bruder. Als ich zwei Jahre
und ein paar Monate auf der Welt war, kam mein zweiter
Bruder als Frühchen auf die Welt und niemand konnte sagen, ob er überleben würde, und wenn er überlebte, in wel-
cher Verfassung. Er überlebte als fröhliches Kind. Meine
Großmutter war die Ersatzmutter meiner Kindheit. Sie war
da. Aber sie hatte Angst. Das weiß ich, weil diese diffuse
Angst vor dem Sterben, vor fremden Menschen und Männern, vor Krankheiten, vor der RAF, Einbrechern, dem
Verkehr und vor Flugzeugen, vor Gewittern und Feuer, vor

Fruchtbarkeit und Lust, dem Wald und einsamen Gegenden und vor allen anderen Gefahren, die meine Großmutter im Leben sah, sich wie ein Tuch über mich gelegt hat. Das Tuch ließ sich sehr lange nicht heben, und als es sich dann manchmal lüften ließ, konnte es immer wieder schwer werden, wenn ich in die Nähe meiner Großmutter kam. Bis heute liegt das Tuch im Haus meiner Eltern. Wenn ich dort bin, ist es da. Manchmal noch spüre ich auch anderswo, wie es sich über mich legen möchte: das geschieht, obwohl ich alles getan habe, um es loszuwerden; es geschieht nur noch selten. Meine Großmutter gab mir die größte Sicherheit und vermachte mir die größte Angst für mein Leben. Sie war da, wenn mein Vater auf Geschäftsreise war, sie war da, als meine Mutter mit den Brüdern beschäftigt war, und sie war da, wenn nachts längst alle genug hatten von meinen Alpträumen. Als ich klein war, hatte sie ein Zimmer in unserer Wohnung im Haus eines Bauern auf einer großen grünen Wiese. Das letzte Zimmer in der Wohnung, es lag ganz hinten am Gang, es zeigte nach Westen, es war klein, ein Sofa stand darin, ein Tisch, ein Sessel, ein Bett und ein Schrank. Es hatte kaum Sonne, aber dafür den Blick auf den Garten, den großen Stadel des Bauern, die gackernden Hühner, den Frieden. Wenn die Angst bei mir war, hat meine Großmutter gesagt, ich müsse keine Angst haben. Dann durfte ich neben ihr im Bett liegen, das neunzig Zentimeter breit war; auf der einen Seite schützte mich die Wand, auf der anderen Seite der schwere Körper meiner Großmutter. Sie betete still, den Rosenkranz in den Händen, der sich darin bewegte wie eine Schlange, und ich schlief in ihr Gebet hinein ein.

Wenn die Angst bei ihr war, schützte mich niemand. Die Angst schwappte über.

Als ich zehn Jahre alt war, zogen wir in das Haus, in dem nichts besser wurde, und meine Großmutter bekam eine Wohnung unter dem Dach. Ich wurde Teil dieser Wohnung und bekam dort ein Zimmer. Zwischen der Wohnung meiner Eltern und der meiner Großmutter lag das Treppenhaus, eine Holztreppe verband die Stockwerke und den Keller.

Die Erinnerung folgt keiner Chronologie, manches ist ganz wirklich, als geschehe es in diesem Moment, ganz nah. Manches erschließt sich, wenn ich die Bilder betrachte. Wenn ich an das Leben vor mir selbst zurückdenken möchte, muss ich meine Großmutter erfinden, ich muss, wie die alten Griechen es taten, ihr Totenreich rückwärts betreten. Aber was erzählen Fotografien über den Moment hinaus?

Manchmal fährt meine Großmutter mit dem Schulbus nach Hause. Sie steht an der Bushaltestelle am großen Kaufhaus und ist bepackt mit Taschen und Tüten. Sie kommt von der Arbeit. Um sie herum stehen lauter Schüler. Es ist ein Uhr. Sie hat früh gearbeitet oder vielleicht war sie auch beim Arzt. Sie hat eingekauft. Ich weiß, dass sie sich freut, wenn sie mich kommen sieht. Ich sehe fast, was für einen Hüpfer ihr Herz macht, ich sehe es in den Krähen rund um ihre Augen.

Aber in meinem Gesicht bilden sich Schluchten zwischen den Brauen. Das geschieht, obwohl ich weiß, dass in den Taschen auch Sachen für uns sind, Schokolade und gute Brezeln zum Beispiel. Ich versuche so zu tun, als sähe ich sie nicht. Ich versuche schnell zu Erich und den anderen zu rennen, dann sieht sie mich nicht. Ich sehe Erich und Stefan und weiß, dass meine Großmutter mich bereits entdeckt hat. Ich mag es nicht, wenn ich das Gefühl habe, dass ich neben ihr sitzen soll, ich mag es nicht, wenn sie sieht, mit wem ich spreche, ich mag es nicht, wenn sie mit mir von der Bushaltestelle nach Hause gehen möchte. Ich bin nur froh, dass sie da ist, wenn auch der fette Mann im Bus sitzt, der sich immer zwischen die Beine fasst und mich und andere Mädchen dabei anschaut. Er steigt an meiner Haltestelle aus. Dann darf sie neben mir gehen, dann darf sie mich beschützen. Nur wissen darf sie es nicht. Wir sprechen nicht miteinander, weil ich nach der Schule nie spreche. Sie spricht sowieso nicht. Sie stellt nur Fragen. Sie will alles wissen, obwohl sie nie etwas erzählt.

Im Bus setze ich mich mit den Jungs auf die Fünfer-Bank ganz hinten. Erika kommt dazu und ein Freund von Stefan. Die Jungs werfen einen Rucksack herum. Meine Großmutter ist die Letzte, die einsteigt. Ich sehe sie nicht, ich werfe den Rucksack auf Erich und drücke ihm das Ding in den Rücken.

Ich weiß, dass Oma nicht fragen wird, wer das ist, denn ihn kennt sie. Stefan und Erika kennt sie auch. Sie wird fragen, wer da noch dabei war, und ich werde sagen, dass ich den nicht richtig kenne.

Ich steige als Erste aus, ich weiß, dass meine Großmutter möchte, dass ich ihr die Tasche abnehme, ich mag das nicht tun vor den anderen Kindern. Niemand sonst steigt aus, den ich kenne. Ich tue so, als ob ich nach etwas suche, damit meine Großmutter nicht sieht, dass ich warte, weil ich denke, dass ich warten muss. Ich sehe einen alten Apfel an einem Gartenzaun liegen. Es gelingt mir, ihn aus der Ecke herauszustoßen, ohne mit dem Fuß etwas anderes zu berühren.

Meine Großmutter steht jetzt neben mir.

Hallo, sage ich.

So, sagt sie.

Ich kicke den Apfel vor mir her.

Sie sagt: Lass das. Komm, nimm lieber eine Tasche!

Ich fische den Apfel aus einer Gully-Rinne und dresche auf ihn ein, als müsste ich ihn bis nach Hause schießen. Dann ist er weg. Ich nehme meiner Großmutter eine der beiden Taschen aus der Hand, sie ist ganz schön schwer.

Uff, sage ich.

Sie sagt nichts mehr.

Als wir am Rathaus vorbeikommen, bleibt sie stehen. Am Rathaus hängt das Plakat mit den Terroristen. Ich weiß, dass sie Angst vor ihnen hat. Wir gehen trotzdem extra an der Vitrine vorbei und bleiben stehen.

Mädle, sagt sie, die sind g'fährlich.

Auch das weiß ich, aber ich weiß auch, dass die mir nichts tun, deshalb sage ich, die tun uns nichts.

Die dend älle ebbes, sagt sie.

Nur den Politikern, sage ich.

Ich sehe, wie sie mit der freien Hand rasch ein Kreuz schlägt über der Stirn.

Ich denke an den entführten Schleyer und die Bilder im Fernsehen und an die Flugzeugentführung, und dass mein Vater oft ins Ausland fliegt, das fällt mir jetzt plötzlich ein.

Ich wende mich sofort von meiner Großmutter ab. Weil der Gedanke, dass mein Vater oft in Flugzeugen sitzt, mir bereits viel Angst macht, sage ich im Stillen Beschwörungsformeln auf: Lieber Gott, mach, dass Papa nichts passiert. Lieber Gott, mach, dass Papa nichts passiert. Lieber Gott … ich kann gar nicht mehr aufhören, das vor mich hin zu murmeln. Ich denke, dass ich es zehn Mal sagen muss. Zehn ist eine gute Zahl. Zehn Mal muss reichen.

Meine Großmutter steht in ihrem dunkelblauen Kostüm neben mir, sie studiert die Fahndungsplakate genau. Aus ihren schwarzen Schuhen beulen sich seitlich die Gelenke des großen Zehs heraus. Ihretwegen geht sie häufig zur Fußpflege, die gleich zwei, drei Häuser neben dem Rathaus ist. Ich kann mir nicht vorstellen, dass meine Großmutter einmal schöne Füße hatte. Das denke ich, während ich zu Boden schaue, um nicht in die Augen der Terroristen blicken zu müssen, die mir heute besonders viel Angst machen. Sie machen mir immer Angst, aber manchmal mag ich das. Ich darf nicht sagen, dass ich die Fahndungsplakate sehr gut kenne, weil ich fast täglich auf Terroristenfahndung gehe. Manchmal kommt Andrea mit. Wir fahren vor dem Gasthof neben dem Rathaus auf Rollschuhen herum und notieren fremde Nummernschilder in ein Notizbuch. Alle fremden Autokennzeichen sind potentiell gefährlich und die Besitzer dieser Autos Terroristen. Meine Großmutter darf das nicht wissen, weil sie genauso denkt und dann sicher ist, dass ich tagtäglich in großer Gefahr schwebe. Wir gehen über den Hof des Rathauses und schweigen weiter.

Saukerle!, sagt meine Großmutter.

Ich sage nichts.

Es gibt Dinge, die sind ganz unmittelbar mit Paula verbunden, sie sind nicht zu denken ohne das Leben meiner Großmutter in unserem Haus. Die meisten haben mit Essen zu tun, mit einfachen Speisen, an denen man ihre einstige Armut ablesen kann, die aber gut schmecken, obwohl sie ohne Schnickschnack auskommen, Semmelknödel, für die sie wochenlang hart gewordenes Brot sammelte, Zopfbrot, Schupfnudeln, die sie auf einem Brett mit den Händen rollte, Dampfnudeln, die wir Kinder liebten, grüne Krapfen, was vegetarische Maultaschen waren, Sauerkraut, Rotkohl und so weiter. Gerichte, für die man kein Geld haben muss. Man braucht einen Kohl in weißer oder roter Farbe, Semmeln oder Mehl. Man braucht ein paar Eier, aber auf dem Dorf mangelt es nie an Hühnern. Einen Garten mit Kräutern. Kein Fleisch. Die einzige Kostbarkeit, die meine Großmutter verwendete, war Butter. Wenn meine Großmutter kochte, geschah das fast mühelos, es war, als sei sie dazu berufen, als sei das ihre Sache. In der Küche war sie bei sich. Manchmal sprach sie dabei mit dem Hund, der immer bei ihr in der Küche war. Gang mer ausm Weg, kriagsch schon no was, jetzt hosch doch scho was ghet, sagte sie. Sie mochte den Hund, aber auch ihn hielt sie auf Abstand.

Ich habe gestohlen.

Was hast du gestohlen?

Ich habe meiner Großmutter fünf Mark gestohlen – und zwei Mark.

Nicht mehr?

Ich habe das ein paar Mal gemacht.

Du hast dir die Gebote doch bestimmt gründlich durch-
gelesen.

Ja.

Hast du noch etwas zu beichten?

Ich habe geflucht.

Über wen?

Ich habe zu meiner Mutter gesagt, sie sei eine blöde Kuh.

Und noch etwas?

Ich habe schlimme Sachen über meine Großmutter gedacht.

Man kann auch in Gedanken töten, sagt die Stimme hinter dem ziselierten Holzgitter, nun lauter. Ich bemerke, dass
der Pfarrer, den ich gut kenne, sich bewegt. Ich höre es. Er
kennt auch meine Großmutter. Er kennt sie gut, und er
kennt ihre Sünden, so wie er meine kennt.

Ich weiß, sage ich.

Dann bete nun zur Buße fünf Ave-Maria und fünf Vaterunser.

Ja, sage ich. Danke, sage ich. Dann höre ich ihn für mich
beten.

Ich verlasse den Beichtstuhl und setze mich in der großen Klosterkirche unter die Empore. Ich weiß, dass ich in einer der schönsten barocken Kirchen des Landes beten darf.
Es ist eine Ehre. Es ist, als ob einem die Sünden hier noch
besser verziehen werden. Alles ist prachtvoll. Aber mir ist
zum Weinen. Jemand muss für mich beten und ich habe ge-
sündigt, und ich muss für mich beten. Ich beginne mit den
Ave-Marias. Gegrüßet seist du, Maria, voll der Gnade, der
Herr ist mit dir. Du bist gebenedeit unter den Frauen, und
gebenedeit ist die Frucht deines Leibes, Jesus. Heilige Maria,

Mutter Gottes, bitte für uns Sünder jetzt und in der Stunde unseres Todes. Amen.

Über das Wort »gebenedeit« habe ich mir schon viele Gedanken gemacht, weil der Bauer, bei dem wir früher auf dem Grundstück gewohnt haben, immer schrie: Vermaledeite Kinder! Aber wenn man Buße tut, darf man sich keine Gedanken über solche Wörter machen. Man hat die Wörter so zu nehmen, wie sie kommen. Als ich fünf Ave-Maria gebetet habe, weiß ich, dass ich das erste Ave-Maria nicht gut genug gebetet habe, und weil ich doch soeben gebeichtet habe, muss ich es noch einmal beten. Ich verhasple mich. Ich beginne von vorne. Ich muss es fehlerlos und ohne falsche Gedanken beten, sonst ist die ganze Beichte umsonst. Ich bin dann gefährdet. Nach der Beichte ist man rein. Beim dritten Anlauf schaffe ich es, das ganze Ave-Maria gedanken- und fehlerlos zu beten. Für die fünf Vaterunser brauche ich noch einmal sehr lange. Aber ich schaffe es. Ich bin sehr erleichtert und froh. In die Kirche geht man im Rock oder in langen Hosen und Bluse; erst recht zur Beichte. Meine Großmutter war zufrieden, als ich die rote Bluse mit den Blümchen angezogen habe.

So mag dich der Herrgott, hat sie gesagt.

Neben der Kirche führt ein rechts und links von Bäumen überragter Weg zum Dorf hinab. Ein grüner Tunnel. Er ist ein bisschen unheimlich. Er lässt mich an das Buch denken *Wo die wilden Kerle wohnen*. Aber weil ich an manchen Stellen zwischen den Bäumen hindurch erkenne, dass nebenan auf dem Friedhofsweg Menschen gehen, und weil ich weiß, der liebe Gott passt nun wieder gut auf mich auf, denn ich habe alle Sünden gelassen, kann mir nichts passieren.

Ich breche von einem Haselbusch einen dicken Zweig ab. Man kann damit gut fatzen. Ich fatze rechts und links des Weges Blätter ab. Ich hinterlasse eine Spur. Als ich zu Hause ankomme, habe ich deshalb schon wieder ein schlechtes Gewissen.

Mein Mädchen, sagt meine Großmutter. Jetzt bist du wieder rein. Sie streicht mir über den Kopf.

Ich bin elf und bete bereits so gut wie sie, sagt meine Großmutter.

Die Schürze ist ihre Jeans. Meine Großmutter trägt sie immer. Nur nicht am Sonntag. Fast alle ihre Schürzen sind geblümt. Rote Blümchen mit weißen Ranken auf blauem Grund. Schürze geblümt. Viele bunte Blümchen gehen ineinander über. Eher dunkelgrüner Grund. Schürze geblümt. Rote Schürze mit gelben und orangefarbenen Blümchen. Die Ranken sind wilder als die auf den anderen Schürzen. Schürze geblümt. Dunkelblau mit Hellblau und Weiß. Es gibt Streifen, die die Blümchenborten voneinander trennen. Diese sind weiß. Es gibt eine einzige khakifarbene Schürze, rundum und an den Taschen eingefasst von einer weißen Paspel mit gelben Punkten. Unter ihr noch einmal Blümchen. Blau. Die Blümchen liegen in Trauben oder Büscheln beieinander. Die Schürzentaschen, die Träger und das Band sind unifarben. Die Blümchen sind dunkellila mit rotem Stempel. Sie liegen gebügelt und akkurat zusammengelegt auf einem Stapel im Schrank. Dazwischen liegt manchmal Schokolade.

Ich lebe in einer Familie, in der man ordentlich aussieht. Jeans am Sonntag sind verboten, weil der Sonntag der Tag der hellen freundlichen Anzüge und farbigen Kleider ist. Der Sonntag ist trotzdem der gefährlichste Tag in der Woche. Schlechte Gedanken kreuzen die guten in rasanter Frequenz. Man sitzt in der Familie wie im Gefängnis. Am Sonntag gehen wir mittags in einem feinen Lokal essen, wir kennen uns aus mit Weinbergschnecken, Froschschenkeln und sogar mit Seeigeln. Ich bin ein Kaviarkind. Mein Vater bekommt Weihnachtsgeschenke aus Russland und anderen Teilen der Welt. Wir lieben es, Dinge zu probieren, vor denen sich andere ekeln. Wir essen mindestens zwei Gänge. Ihr seid aber eine moderne Familie, sagen Leute, aber das sieht nur so aus. Wir sind Vater, Mutter, zwei Kinder, Großmutter, ein Hund. Das Kaninchen wohnt zuerst im Hobbykeller, später in der Garage. Der Wellensittich wohnt wie Paula unter dem Dach. Ich wohne dort auch. Ich möchte gar nicht im Stockwerk meiner Eltern wohnen, weil es da keinen Platz für mich gibt. Im Keller habe ich Angst vor Einbrechern. Ich kann in diesem Haus eigentlich gar nicht wohnen. Wann immer es möglich ist, verschwinde ich in den Garten, ich suche nach Orten, an denen ich ungestört meinen Gedanken nachgehen kann, dafür muss ich alleine sein. Meistens gibt es auch im Garten keinen Ort, an dem das möglich ist, weil alle Orte, an denen ich für mich sein könnte, sofort von meiner Großmutter aufgesucht werden. Ich werde beobachtet, wenn ich nicht selbst beobachte. Ich bin das große Geheimnis meiner Großmutter, obwohl doch sie das Geheimnis ist. Deshalb verlasse ich auf Rollschuhen das Grundstück, wann immer es geht. Ich trainiere wie die

Eisschnellläufer, gehe tief in die Knie, lege den Rücken gerade, Kopf nach vorne und mache große Bewegungen mit den Armen, bis ich in Schwung bin. Wenn es gut läuft, lege ich die Arme in den Rücken, die Hände aufeinander und starre die Straße entlang. Unsere Straße ist etwa dreihundert Meter lang, eine Einbahnstraße, ich fahre sie mindestens zwanzig Mal hin und her. Ich könnte noch viel länger, ich spüre keinerlei Erschöpfung, nur die Gedanken in meinem Kopf, die sich nicht mehr eingesperrt fühlen. Aber spätestens dann kommt Großmutter aus dem Hof gelaufen und schaut mir zu. Als ob ich sie nicht sähe, verschwinde ich über den kleinen Weg hinab ins Dorf. Ich komme am Rathaus bei den Fahndungsplakaten vorbei, ich kenne die ganze Rote Armee Fraktion, die darauf abgebildet ist, bereits auswendig. Ich stehe hier oft mit meinen Rollschuhen und schaue auf die dunklen Fotos, die mich manchmal nachts im Traum verfolgen. Ich kenne alle Namen zu den Fotos und habe mich längst entschieden, wer zum Fürchten ausschaut und wer nicht. Susanne Albrecht sieht nett aus, Inge Viett wie eine Kindergärtnerin und Sigrid Sternebeck könnte ich mir auch als Cousine vorstellen. Ich habe ziemliche Angst vor Christian Klar, Adelheid Schulz und Brigitte Mohnhaupt, weil sie sehr düster und gefährlich wirken, und vielleicht auch, weil ich ihre Namen aus den Neunzehn-Uhr-Nachrichten kenne. Ich bin dreizehn und habe alle einschlägige Kinderdetektiv-Literatur gelesen. Mit Geheimnissen kenne ich mich aus.

In diesem Schweigen verlierst du die Stimme der anderen. Dein Bauch macht Geräusche und dein Herz macht Geräusche und dein Kopf beginnt zu schmerzen. Du denkst, du hast vielleicht eine schlimme Krankheit, du denkst, dass du vielleicht bald sterben wirst, und die Angst ist da. Und du sitzt in diesem Schweigen und kannst nicht sagen, ob in deinem Körper etwas passiert. Du bist sicher, dass es so ist. Die Haut schält sich vom Fleisch, das Fleisch von den Muskeln, die Muskeln von den Knochen, du zerfaserst, du zerfällst. Wenn nicht irgendjemand ganz schnell etwas sagt, musst du schreien. Und dann kommt der Hund und deine Hand streicht ihm über das Fell, es schmiegt sich weich gegen deine Handflächen, und du weißt, gleich wird jemand sagen: Wir sitzen am Tisch, da wird kein Hund gestreichelt, und du bewegst deine Hand über den braunen Hunderücken, der stillhält, und der kupierte Hundeschwanz springt hin und her, und da ist schon die Stimme, die es verbietet. Du wischst die Handfläche an der Hose ab und legst beide Hände auf den Tisch und sagst nichts zu deiner Verteidigung. Es klappern Messer, es streifen Ärmel, es streifen Hände über die Tischdecke, niemand sagt etwas und dann sagt jemand »danke«. Warum eigentlich nicht »bitte«? Bitte redet miteinander! Es ist der Sommer 1979, es herrscht Kalter Krieg und jemand wie Gorbatschow ist nicht in Sicht. Auch nicht hier am Tisch. Durch die offene Terrassentür hört man die Amsel. Der Nachbar beginnt den Rasen zu mähen, draußen auf der Straße fährt jemand mit einem Kettcar, da bist du dir sicher.

Wenn ich meiner Großmutter heute zuhöre, manchmal, wenn ihre Stimme zu mir durchdringt, falle ich in dieses andere Leben, in diese andere Sprache, in eine Zeit, die mir so wenig mit meinem jetzigen Leben zu tun zu haben scheint wie die Nordsee mit dem Indischen Ozean. Und schließlich doch etwas. Ich höre ihre Stimme, die eher leise war, rau und nicht vorstellbar ohne die kleine Falte in den Mundwinkeln, die ich immer sofort sehe, wenn ich sie sprechen höre, genau wie ihr Doppelkinn, das sie vielleicht nicht gehabt hätte, wenn sie beim Sprechen den Kopf gehoben hätte. Die Stimme spricht schwäbisch, und nur mit Mühe kann ich sie in ein angemessenes Deutsch übertragen und meistens will ich das auch gar nicht. Es ist selten genug, dass ich sie höre. Ich erkenne, wenn ich sie höre, eine Sprache, in der ich nie wirklich zu Hause war, obwohl ich in ihr umhergegangen bin, in der ich mich nicht sicher gefühlt habe, weil ich sie nicht schreiben konnte, weil sie sich unterschied von dem, was ich für schön hielt, wenn ich es las, wenn ich es hörte. Wenn ich die Stimme meiner Großmutter höre, dann sitzen wir am Tisch und sie sagt: Du hosch doch so arg Hunger khet. Was so viel heißt, wie: Iss auf, was auf deinem Teller ist. Wenn ich sie höre, sagt sie: Was duasch? Sie steht in der Tür meines Zimmers, und ich denke, dass ich nie darauf gekommen bin, als Kind, dass die vielen Momente, in denen sie in der Tür meines Zimmers stand, vielleicht ihre Momente der Einsamkeit waren, die Momente, in denen sie selbst die alten Gespenster hörte, Stimmen von irgendwoher, und das Gebet nichts mehr half. In denen nur Nähe half. Wenn ihre Stimme zu mir durchdringt, werde ich still: Ich sitze an meinem Schreibtisch, ich schaue auf die Kastanien, an denen die Jahreszeiten so gut abzulesen sind wie an Obstbäumen, ich schaue auf den mächtigen Turm der Kirche, ich denke, diese Kirche hätte meiner Großmutter nicht gefallen, weil sie so groß ist; ich schaue auf den Platz unter den Kastanien, die Bänke, auf denen die Stadtstreicher im Sommer wohnen und sich im Winter bei Sonne aufwärmen. Wenn die Kinder dort unten auf dem Platz nicht spielen, höre ich Paulas Stimme beim Schreiben leise in dieses Schweigen sinken, in das sie immer gesunken ist. Als wäre nach einem einzigen Satz alle Energie verbraucht. Nach diesem einen Satz, der reichte, um die Hand wieder in die Schürzentasche zu stecken für das Gebet, das auch lautlos möglich war, das alleine die Hand am Rosenkranz brauchte und die Hoffnung, dass es half, an jemanden zu glauben: Vater unser.

Ich habe sie nie laut beten gehört. Ich habe das Gebet immer nur in ihrer Schürzentasche gesehen.

Ich bin sicher, den Moment, als Marie die Hand von Paula nahm, hat sie nie vergessen. Vielleicht hat auch sie die Hand von Marie genommen. Vielleicht hat der Fotograf gesagt, ihr seid die schönsten Mädchen im Dorf, ganz sicher hat er das gesagt, weil jeder sehen kann, dass Paula und Marie das in diesem Augenblick waren, mit ihren runden Mädchengesichtern, den Spangen im Haar und den weichen Mündern; dass sie so, wie sie da mit dem Fotografen auf der Lichtung standen, die schönsten Mädchen waren, auch über das Dorf hinaus. In den Augen des Fotografen waren sie es. Vielleicht war dies der Moment, als Marie die Hand meiner Großmutter nahm oder meine Großmutter die ihre, weil sie sicher waren, alles wird nur noch schöner werden im Leben. Und dass sie jetzt loslaufen könnten mit ihren henkellosen Taschen unter dem Arm, die heute Clutches heißen, oder es am liebsten täten. So sahen sie aus. Das war vielleicht 1932 und bestimmt dachten sie nicht an den Krieg. Wenn einer vorbei ist, kommt doch nicht so schnell der nächste. Man denkt mit siebzehn nicht an den Krieg, außer er ist da. Sie hatten die Wintermäntel angezogen, weil die neu waren, der Sommer war auch vorbei. Es war diese Zeit dazwischen, die Bäume trugen noch ihre Blätter, aber sie verfärbten sich schon.

Das sieht elegant aus, hat Marie gesagt, wenn man zum Wintermantel keinen Schal trägt, nur einen Kragen oder eine Kette. Marie war für Mode. Später war Paula mehr für Mode und Marie wurde von Gustl modern ausgestattet.

Für den Fotografen haben sie Schmuck angelegt. Vielleicht begegnen wir ja dem schönen Karl, hat Paula möglicherweise gedacht, über den ich selbst nur mutmaßen kann, dass er der schöne Mann auf vielen Fotografien meiner Großmutter war. Häufig kann man sie mit ihm gemeinsam sehen. Ich bin sicher, meine Großmutter Paula war sich nie gewiss, ob sie attraktiv genug war für einen wie Karl, weil ihre Schönheit unbeständig war, schon mit siebzehn. Der Mann, von dem ich glaube, dass es Karl, der Bräutigam, ist, machte sie schön. Andere Fotografien erzählen von Paulas Befangenheit. Da sitzt dieser Mann zwischen den Schwestern und unmöglich kann man dem Bild ablesen, zu wem er gehört. Obwohl Marie noch etwas zu jung war vielleicht. Jedenfalls scheint es manchmal, als seien sie sich nie sicher gewesen, wen von ihnen beiden er meinte, ob er sie überhaupt meinte oder ob er nicht anderswo auch Mädchen wie sie ausführte. Vielleicht hat auch der Fotograf gesagt, nehmt euch an den Händen. Bestimmt hatte der Vater diesen Fotografen bezahlt, der seine Töchter noch schöner machte, als er sie sehen konnte, wenn er sie anschaute. Denn die Fotografie hat mehr Gewicht als die Erinnerung, mehr als die Wirklichkeit. So war es, sagt die Fotografie. Auch wenn die Bäume noch Blätter trugen, raschelte unter den Füßen an diesem Tag bereits Laub; in den faltenlosen flächigen Gesichtern der Mädchen leuchtete die Sonne, als schiene sie auf einen ruhig liegenden See. Alles war möglich.

Karl trug gute elegante Anzüge, er trug die Hosen in Strümpfen, die sich weich um seine schmalen Füße schmiegten, handgenähte Schuhe. Vielleicht sagte er, sie seien englisch, vielleicht waren sie englisch. Er mochte es, Fliegen zu tragen, zu den Hemden. Und seine Mäntel fühlten sich glatt und fein an. Das sagt die Fotografie. Es kann aber auch sein, dass dieser Mann auf den Fotografien gar nicht Karl ist, sondern einer, der auf irgendeine andere Weise zur Familie gehörte. Kommt feiern, sagte der Karl, wenn er die Schwestern sah, und manchmal sind sie dann mit ihm auf dem Motorrad ins Nachbardorf gefahren. Eine nach der anderen. Später hat Paula womöglich gedacht: Es hätte auch gutgehen können, das Leben. Es hätte alles ganz anders kommen können. Vielleicht hat sie auch gar nicht darüber nachdenken wollen, vielleicht hat sie diese Fotografien aus dem Karton auch deshalb in ihrer Kommode ganz unten verstaut, damit sie nicht mehr mit ihr sprechen konnten, damit sie nicht mehr so leicht zu greifen waren; sie nicht in Versuchung kam, sich diese Fotografien anzuschauen und etwa zu denken, dass das der Tag war, an dem Karl sie geküsst hat. Vielleicht hat Karls Tod ihr die Erinnerung verboten. Man küsst keine Toten. Aber nein, dieser Tag war der Tag mit Marie. Vom Dorf zu der Wiese, auf der diese Fotografie gemacht wurde, sind es zweihundert Meter gewesen und sie sind zurückgelaufen ins Dorf, es war Erntedank bei der Kirche, und deshalb waren sie so schön. Und jetzt weiß sie, da kam der Karl tatsächlich dazu und zuerst hat er mit der Marie getanzt, dann mit ihr, dann wieder mit Marie. Dann Walzer mit ihr. Alles war einfach und gut. Marie hatte weiche Hände, denkt Paula und sie weiß, dass »Du hast so weiche Hände« ein Karlsatz war, und Paula war immer sicher gewesen, das sagte er auch zu anderen Mädchen und sicher auch zu Marie, die er manchmal hinter sich her auf die Straße zog, dann tanzte er mit ihr Walzer oder was ihm einfiel. Es sah wie Walzer aus. Karl war anders, und wenn er dabei war, hatten die Dinge Bedeutung. Aber dieser Tag, das war der Tag von ihr und Marie gewesen, es war der Tag, an dem sie die schönsten Mädchen im Dorf waren. Alles ging leicht, auch ohne Karl. So denkt man nicht oft im Leben über sich selbst. Aber mit fünfzehn, mit sechzehn, mit siebzehn. Da denkt man so. Auch sie hat einmal so gedacht, denkt Paula jetzt, wo sie sich traut, das Foto anzuschauen. Das geht nicht, ohne dass sie betet. Sie ist im fünften Gesetz angekommen. Der Rosenkranz ist ein warmes Herz in der Schürzentasche. Wenn sie alles vergisst, sie vergisst nie, wo sie sich befindet im Gebet. Jesus, den du, o Jungfrau, im Tempel wiedergefunden hast. Beten, das tut sie wie Atmen.

Es kann auch sein, es war ganz anders.

Das kannst du als erwachsener Mensch nicht verstehen, dass jemand niemals freiwillig sein Fotoalbum geöffnet und von seinem Leben erzählt hat. Das hast du als Kind erst recht nicht verstehen können. Dass es keine Geschichten gibt, nur das jetzt, keine Erinnerungen an damals, als deine Großmutter ein Kind war, als sie womöglich wie du den Tieren mehr traute als den Menschen. Als sie es war, die mit den Tieren sprach, weil das Sprechen mit Menschen ihr Angst machte, wie dir. Dass jemand keine Kindheit, keine Liebe, keinen Mann, keine Freundin, keine Leidenschaft hat, irgendetwas, was bewegt. Etwas, was es unbedingt wert ist, erzählt zu werden. Dass nach den meisten Fragen dieses Schweigen einsetzte, das dich aufstehen ließ und gehen.

Ich schaue meiner Mutter dabei zu, wie sie sich die Fingernägel lackiert. Sie hat schöne lange Finger und schön gefeilte Nägel. Sie lackiert sie immer in elegantem Rot, dabei sitzt sie am Esstisch.

Ich sitze neben ihr am Tisch, aber so weit entfernt, dass ich sie nicht störe beim Lackieren. Ich erzähle, dass wir beim Tischtennis jetzt auf der halben Platte trainieren, der Ralf und ich, weil wir gesehen haben, dass die Tischtennisstars im Fernsehen auf sehr kleinen Platten Showkämpfe machen. Ich möchte das auch können, sage ich.

Meine Mutter lackiert ihre Nägel.

Ich führe aus, wie Ralf und ich immer weiter von der Platte weggehen, wie wir Vorhand-Topspin trainieren auf der halben Platte, wie wir trotzdem treffen. Da höre ich die Schritte meiner Großmutter auf der Treppe. Ich werde still.

Schon wieder, sagt meine Mutter.

Sie ist mit der ersten roten Lackschicht nach dem Unterlack beim Mittelfinger der rechten Hand angekommen. Normalerweise zittert sie auch mit links nicht.

Du zitterst, sage ich, als ich es sehe.

Die Türklinke wird heruntergedrückt.

Kann man nicht mal in Ruhe seine Nägel lackieren, sagt meine Mutter wütend.

Was dend ihr?, fragt meine Großmutter.

Das siehst du doch, antwortet meine Mutter.

Und du, sagt meine Oma Paula zu mir.

Ich kuck zu, sage ich.

Ich han bloss gucka wella, es isch so still gwesa, sagt sie. (Und bestimmt war das wahr. Aber das verstehe ich erst heute.)

Soll i en Kaffee macha?, fragt sie.

Oma, du siehst doch, dass die Mama sich die Nägel lackiert.

Sie geht ins Wohnzimmer, sie schaut aus dem Fenster, das Vogelhäuschen müsste man sauber machen, sagt sie.

Ich mach das Vogelhäuschen sauber, sagt sie. Sie schaut ihre Tochter an, ob die eine Antwort gibt. Aber Mama schaut nur auf ihre Nägel.

Ich sitze ganz still und schaue jetzt niemanden mehr an. Ich höre, wie mein Herz sehr laut schlägt, weil ich spüre, dass falsche Fäden zwischen dem Esstisch, wo ich mit Mama sitze, und dem Wohnzimmer, wo Oma steht, gespannt werden, als läge Strom in der Luft. Ich denke an den Weidezaun oberhalb unseres Hauses, der immer nur geladen ist, wenn der Schäfer keine Zeit hat für die Schafe. Aber hier ist es anders. Der Strom schaltet sich an, wenn alle Zeit füreinander haben könnten.

Willst du mir helfen beim Vogelhäuschenputzen?, fragt meine Großmutter.

Ich kann Mama jetzt nicht alleine hier sitzen lassen, weil sie dann denkt, dass ich Oma lieber habe als sie. Ich putze das Vogelhäuschen sehr gerne zusammen mit meiner Großmutter. Ich mag, wie der Schnee knirscht unter meinen Füßen, ich mag, wie die Kerne und das Futter den festgetretenen Schnee unterm Häuschen verfärben. Ich kenne alle Vögel, die das Häuschen besuchen: vom Dompfaff über den Buntspecht, die Blaumeise, das Rotkehlchen, das Grünkehlchen bis zum gewöhnlichen Spatz. Manchmal kommt ein Eisvogel vorbei.

Das magst du doch gerne, sagt meine Großmutter. Komm halt, sagt sie.

Ich rühre mich nicht, ich schaue auf den Tisch, ich weiß nicht weiter.

Hen ihr euch gstritta?, fragt sie.

Bis grad ist es uns gutgegangen, sagt meine Mutter.

Mein Herz klopft wahnsinnig laut. Ich denke, dass man das hören muss bis ins Wohnzimmer, und weil ich nicht will, dass der Tisch zittert, lehne ich mich im Stuhl zurück. Ich warte auf eine Antwort in mir, ich weiß nicht, was ich tun soll. Meine Großmutter rührt sich nicht.

Mama, sage ich.

Tut doch, was ihr wollt, sagt meine Mutter.

Ich springe auf. Ich komm mit, sage ich.

Ich spüre, dass meine Großmutter sich freut. Neben meiner Mutter ist es ungemütlich geworden, ich habe kurz

Angst, dass sie nicht mehr atmet. Sie starrt auf ihre Hände. Sie schnaubt leise.

Soll ich mir die Fellstiefel anziehen?, frage ich, weil das gerade meine Lieblingsschuhe sind.

Ja, sagt meine Oma.

Wegen der drei Minuten, sagt meine Mutter.

Und eine Jacke, sagt meine Oma.

Das dauert nicht nur drei Minuten, wenn wir es gründlich machen, sage ich.

Meine Mutter blickt nicht auf.

Vielleicht war es so: Niemand außer ihm hat so eins gefahren. Es war eine Puch 500, das weiß Paula noch, VL, so hat Karl die Puch immer genannt, meine VL, und der Vater hat von Luxus gesprochen, das war ein neues Wort bei ihnen auf dem Dorf, irgendwoher ist es plötzlich gekommen und dann war es da. Wenn jemand Luxus sagt, dann sieht Paula das Puch-Motorrad vor sich und sich selbst im weißen Kleid darauf sitzen. Es steht vor dem Haus, wo es aussieht, als sei es falsch abgestellt worden. Es war nicht nur schneller als die anderen Motorräder, es war auch schöner und besser gewesen. Und er hat es kaufen können. Und nicht nur Paula hat er mitgenommen, auch Marie und die Kinder aus der Nachbarschaft haben sich draufsetzen dürfen. Man hat sich größer darauf gefühlt. Das war, bevor Karl eingezogen wurde, mindestens ein Jahr davor, denn sie waren oft unterwegs damit auf der Alb. Da hat sie die Alb erst kennengelernt und gesehen, dass es dort mehr Land als Leute gibt. Trotzdem hätte sie da nicht leben wollen. Als das Motorrad zum ersten

Der Körper sagt B'scheid, sagt sie dann.

Das meiste passiert immer auf gleiche Weise hier im Haus. Es gibt selten Überraschungen.

Du bist noch nicht weit gekommen, sagt meine Mutter.

Ich weiß es, wie meine Großmutter es weiß: Jetzt saugt sie wieder an der Zigarette, Großmutter hört, wie sie den Qualm ausstößt, sie ist nahe genug dran. Sie sagt nichts. Die Strähne fällt ihr wieder ins Gesicht, sie streicht sie weg wie vorhin, macht noch einmal diese Bewegung, ein Fächeln von Luft, das überhaupt nichts hilft.

Wie willst du das noch schaffen?, fragt meine Mutter.

Sie zuckt mit den Schultern.

Das ist noch ein Riesenstück.

Kommt Zeit, sagt meine Großmutter.

Meine Mutter stößt Rauch aus. Die Luft verliert für einen Augenblick den feinen Geruch der aufblühenden Pflaumenbäume, von Ginster, Forsythien und Gras. Der Hund läuft auf dem Gartenweg hin und her, er bemerkt mich nicht. Sie denken, ich bin oben. Dem Hund bin ich egal. Meine Mutter sagt nichts mehr, sie zieht an der Zigarette und geht zurück auf die Terrasse, Alf läuft ihr nach.

Es ist ein Heldengrab, an dem meine Großmutter im langen dunklen Wollmantel, mit gefalteten Händen in schwarzen Handschuhen, vor dem Kranz mit weißen Rosen steht. Den Kopf gesenkt, schaut sie nirgendwohin und ich frage mich, wer dieses Foto gemacht hat, wer eine Witwe am Grab ihres Bräutigams fotografiert. Wer so etwas tut, denke ich, hat keine Achtung vor der Intimität des Trauerns. Aber ich weiß

Mal mit lautem Gedröhne vors Haus gefahren kam, da hat Marie gesagt, das ist der Karl. Weil Marie den Karl vielleicht besser durchschaut hat als sie selbst. Marie ist aus dem Haus gelaufen, Paula hinterher und die Mutter, die war da schon nicht mehr so gut zu Fuß, kam von hinterm Haus, wo sie gerade die Gänse fütterte. Der Vater ist vom oberen Schuppenboden herabgestiegen, weil der Motor so einen Krach gemacht hat. Und als der Karl vor dem Haus hielt, hat die Mutter sich die Ohren zugehalten, und Paula wusste da schon, dass sie am Abend wieder schlecht sprechen wird über den Angeber, aus dem nichts wird, wenn er so weitermacht, weil er sein Geld nicht zusammenhält. Immer alles vom Feinsten, sagt die Mutter. Der Mutter war es gar nicht unrecht, dass der Karl dann kurz darauf eingezogen worden ist, aber dem Vater war's arg.

Sie hat als Erste auf dem Motorrad sitzen dürfen. Dafür ist der Karl abgestiegen und hat ihr geholfen beim Aufsteigen, was im Kleid nicht so einfach war, aber er war ein Kavalier. Und die Mutter, die hat nicht einmal etwas dazu gesagt. Aber der Vater, weil der Angst um sie hatte, aber auch wollte, dass sie es gut hatten, die Kinder.

Er hat gesagt: Pass auf mein Mädel auf.

Und Karl hat genickt und ihm in die Augen geschaut.

Wenn man den Sohn bereits verloren hat, dann will man, dass aus den Töchtern etwas wird. Sie hat es ihm nicht recht gemacht, das weiß Paula schon. Aber das Mädchen hat er über alles geliebt und das Mädchen hat ihren Großvater auch geliebt. Er hat es nicht an dem Kind ausgelassen, dass sie im Dorf über sie gespottet haben. An ihr schon. Er hat nicht mehr mit ihr gesprochen, über Wochen nicht, monatelang nicht. Als das erste Kind gestorben ist, hat er nicht geweint. Niemand hat geweint. Wer weint denn um einen Krüppel. Auch sie war erleichtert. Beim Mädchen hat er gefragt, von wem ischs?

Und als sie nichts gesagt hat, hat er es wahrscheinlich sein lassen, weil er es eh gewusst hat. Ganz dumm war er nicht. Und das Mädchen hat er gar nichts spüren lassen.

So hat Paula es nie erzählt. Aber sie hat es auch nicht anders erzählt.

Die Klosterfrau-Melissengeist-Flasche steht immer bereit, aber anders als Rotbäckchen ist es kein Saft. Es ist Medizin, sagt meine Großmutter. Sie sagt: Das ist gut, wenn einem der Magen wehtut, wenn das mit der Verdauung nicht so gut klappt, wenn es einem aufstößt. Das ist nichts für dich. Das ist für wenn man's am Magen hat, wenn es zwickt im Bauch. Das ist für einen besseren Schlaf. Das ist Medizin für alles. Das sagt sie in ihrer Sprache, die ich sehr gut verstehe, aber nicht gerne spreche.

Ich möchte eigentlich nicht über sie sprechen, sagt meine Tante Marie, oder so ähnlich sagt sie es, da lebt meine Großmutter noch. Ich weiß auch nichts über sie. Warum willst du das wissen? Du siehst doch, wie ich mich zwingen muss, etwas zu sagen. Schau, das war eine ganz andere Zeit. Man hat nichts einfach so entscheiden können. Dass es mir besser ergangen ist, das war halt Glück. Du musst jetzt nicht den Kopf schütteln. Nein, das stimmt nicht, man hat nicht alles im Leben in der Hand. Das Schicksal hat es nicht gut mit ihr gemeint. Was meinst du mit Schicksal, was meinst du mit Schicksal? Das, was ich sage. Sie hat oft Pech gehabt. Ihr ist Unglück widerfahren. Nein, Schicksal ist nicht Gott. Ich weiß, dass Paula das sagt. Das versteh ich sowieso nicht. Wenn Gott das Schicksal wäre, dann wäre er kein guter Gott. Also ist er nicht das Schicksal. Nein, ich mache es mir nicht leicht. Ja, das stimmt, Paula glaubt an Gott, das sieht man ja. Aber sie glaubt an einen guten Gott. Das Schicksal ist kein guter Gott. Nein, habe ich eben nicht. Ich hab das nicht miterlebt, weil ich schon in der Stadt gewohnt habe. Sie war noch da, obwohl sie die Älteste war von uns. Ja, sie hat bei den Werners, Webers, nein, Wengers – jetzt hab ich's – Weberer, so haben die geheißen, sie hat denen den Haushalt geführt. Das weißt du doch. Aber am Wochenende war sie beim Vater. Als unser Bruder im Krieg umgekommen ist, hat sie das umgeworfen. Mit ihm war sie eins. Und dann, und dann. Das weiß doch ich nicht mehr, ob sie einen Mann hatte. Glaub's mir oder glaub's mir nicht. Doch, das kann sein, dass einem das nicht mehr einfällt. Dann glaubst du mir halt nicht. Nein, schön war sie nicht, aber sie war fidel. Fidel, also lustig. Das war sie wirklich einmal. Als Kind und später auch noch, in deinem Alter. Du musst an die Zeit denken, wir hatten ja auch kein Geld. Ich hab dir doch schon gesagt, so genau hab ich das alles nicht mitbekommen, ich war nicht mehr da. Die Leute haben geredet. Ich weiß nicht, ob ich gefragt hab. Ich glaub, ich hab nicht gefragt. So was fragt man doch nicht einfach. Natürlich bin ich ihre Schwester, aber auch als Schwester ist dir manchmal das Wort gebunden. Wenn du merkst, jemand will nichts erzählen, dann fragst du auch nicht, da bohrst du nicht nach. Doch natürlich, ich hab schon mal gefragt, aber ich erinnere mich nicht, dass sie etwas gesagt hat. Ja, ich versuch's, ich überleg nochmals. Doch, das kann sein. Man kann auch von seiner Schwester nur wenig wissen. Das geht.

Vielleicht hätte meine Tante Marie mir die Fotografien erzählt. Als sie noch lebte, kannte ich nur die allerwenigsten davon. Es gab das Album, das meine Großmutter nicht verbarg. Es war das Album, das man anschauen durfte. Aber man war dabei alleine. Es fehlten Fotos darin. Warum fehlen die, fragte ich als Kind.

Des wois i au nemme, sagte meine Großmutter.

Und wer ist das?

Frog doch it emmer so viel.

Ich beobachte sie, wie ich alles um mich herum immer ganz genau beobachte und notiere. Ich sitze hinter den frisch aufgegrünten Büschen und lehne mich an die Nachbarsgarage. Ich bin eigentlich zu alt dafür, Menschen zu beobachten. Aber es ist notwendig, um dieses Haus zu verstehen, in dem ich wohne, und meine Großmutter auch. Ich bin dreizehn, in einem Monat werde ich vierzehn. Der Garagenputz wird sich bald in kleinen Dellen auf meinem Rücken abbilden. Ameisen kommen vorbei. Vögel erschrecken, weil in ihrem Gebüsch schon jemand sitzt.

Sie gräbt um. Ihren rechten Knöchel wie immer mit einer dicken elastischen Binde umwickelt und, so gut es geht, unter der blickdichten Strumpfhose versteckt, so steht sie auf einem Dielenbrett im Garten. Der Himmel ist nicht ganz blau, Wolken ziehen wie Fahnen über uns hinweg, und meine Großmutter stemmt mit dem rechten Fuß den Spaten in die lehmige Erde. Es braucht einmal, zweimal, dreimal, es braucht sogar viermal die Wucht ihres gar nicht so leichten Leibes, bis der Spaten tief genug steckt, bis die Erdscholle gehoben werden kann. Ich höre meine Großmutter schnaufen. Sie wischt sich mit dem Unterarm übers Gesicht, während sie schon wieder einsticht, schwankt, das Gleichgewicht verliert, taumelt und wieder gerade steht, sie sticht tiefer. Ich habe mich kurz bewegen müssen, es ist unmöglich, die Bewegungen meiner Großmutter zu beobachten, ohne mich selbst zu bewegen. Vielleicht denkt sie, das Umgraben wird ihr leichter fallen, je mehr Erde umgewendet ist, aber es wird kaum einfacher gehen, weil es seit Wochen nicht geregnet hat. Der Boden ist lehmig und das ist nur bei Regen lustig. Kartoffeln pflanzt man in diesem Garten ohnehin keine. Darüber sind sich meine Mutter und meine Großmutter uneinig, wie über so viele Dinge, aber wenigstens Gelbe Rüben, auf die können sie sich verständigen. Das mögen auch die Kinder, sagen sie dann. Alles hängt an uns. Wir mögen aber auch gerne Kartoffelpüree. Wenn meine Großmutter in die Erde sticht, schieben sich ihr Rock und ihre geblümte Schürze am Knie nach oben, so dass die Blümchen im Frühlingswind wehen, so dass sie verschwimmen, Gelb mit Rot mit Grün auf blauem Grund. Ich weiß, was für Unterhosen meine Großmutter trägt. Ich kenne auch ihre Strumpfhalter. Ich spreche nicht darüber, es gibt dazu nichts Schönes zu sagen. Sie wischt sich immer wieder mit der Hand über die Stirn, das nützt gar nichts, so sehr schwitzt sie, sie streicht mit dem Handgelenk ihre Haare zurück, greift zum Spaten, den sie sich nun immer wieder kurz gegen die Hüfte lehnt. Die Strähnen fallen ihr ins Gesicht, der Dutt hat sich gelockert. Sie haut den Spaten jetzt in die Erde, als hätte sie seit Wochen nichts anderes tun wollen, als diesen Spaten in diese Erde zu hauen in unserem Garten, oder genauer im Garten von meinem Vater, denn er verdient ja das Geld. Solange du deine Füße unter meinen Tisch stellst, gilt auch für sie. Ich weiß, sie sieht kaum Wurzeln in der lehmigen Erde, dafür tut sie etwas für die Regenwurmpopulation, aus eins mach zwei. Das macht sie immer so. Ich schreie, wenn ich neben ihr stehe. Sie lacht, wenn ich das tue, und sticht zu. Es ist gut für die Erde, sagt sie. Es ist wie das Vergnügen, das Katzen bei der Eidechsenjagd haben. Meine Großmutter hat kein Mitleid. Stich um Stich. Sie hat sich vorgenommen, das Stück bis zum Pflaumenbaum zu schaffen, sie hat es beim Mittagessen angekündigt. Der Hund kommt um die Hausecke, ich möchte ihn gerne rufen, aber dann wäre der Spaß vorbei. Alf läuft am Garten entlang, bleibt auf ihrer Höhe stehen, wedelt mit dem kupierten Cockerspaniel-Schwanz und es sieht aus, als lächele er.

Wo kommst du her, sagt sie und betont das du, als sei Alf lange verschwunden gewesen, dabei weiß sie genau, dass der Hund nur aus dem Haus kommt, wenn jemand von uns hinausgeht. Sie dreht sich nicht um. Sie weiß, wer jetzt zu ihr in den Garten kommt. Etwas hängt am Spaten und zappelt, meine Großmutter sticht nochmals in die Erde, sie will, dass das Ding an einer Erdscholle hängen bleibt, damit es endgültig gezweiteilt wird. Sie hat keine Angst vor toten

Tieren. Sie hat Angst vor Gewitter. Sie hat Angst vor dem Wald, weil man darin immer das Gefühl hat, nicht alleine zu sein, weil man nicht sieht, wer oder was sich zwischen den Bäumen und Büschen bewegt. Weil die Bäume den Weg durch den Wald eng machen. Sie hat Angst vor Männern, die um die Ecke kommen können. Sie hat Angst um ihre Enkelin, also um mich, mehr als um ihren Enkel. Um Enkelinnen muss man mehr fürchten. Sie hat Angst, wenn ich den halben Tag auf Rollschuhen unterwegs bin. Sie hat Angst, dass beim Autofahren etwas passiert. Sie hat Angst vor der Dunkelheit und vor Fischgräten. Sie mag keinen Fisch. Früher hat auch niemand Fisch gegessen hier auf dem Dorf, sagt sie. Sie hat keine Angst vor Fischen, aber sie mag sie nicht anfassen. Ich liebe es, Fische anzufassen, über die Schuppen zu streichen und zurück in die andere Richtung, um die kleinen Widerstände zu spüren, ich schaue gerne beim Schuppen von Fischen zu. Meine Mutter liebt Fisch: gedünstet, gebraten, geräuchert. Der Hund winselt freundlich. Er steht noch immer da und schaut meine Großmutter an. Sie hört Schritte hinter sich, wie ich sie auch höre, sie weiß, wer es ist, sie riecht es und sie mag den Geruch nicht, deshalb macht sie jetzt diese Bewegung mit der Hand durch die Luft. Meine Mutter hat noch immer nicht aufgehört zu rauchen. Er auch nicht. »Er«, sagt meine Großmutter. Er ist mein Vater. Sie sticht einfach weiter in die Erde, hebt die Scholle an, wendet sie, betrachtet für einen Moment die glatte Oberfläche, die die Spatenschaufel hinterlässt. Das sieht immer schön aus. Sie hört wohl nicht, dass sie beim Umgraben ächzt. Sie ächzt wie wahnsinnig. Am Abend wird sie es spüren.

nicht, ob es tatsächlich etwas Unmoralisches ist. Ich schaue auf diese Fotografie wie auf eine Anordnung, deren Geschichte abgebildet ist. Alles ist klar. Der Bräutigam ist tot. Die Braut steht trauernd an seinem Grab. Sie ist jung, aber dennoch alt. Sie wird einen neuen Bräutigam finden müssen, nur – wie oft kann man einen Bräutigam finden? Meine Großmutter hat keinen mehr gefunden. Oder doch? Jedenfalls gibt es von ihm kein Zeugnis, kein Grab, keine Nachricht. Briefe sowieso nicht. Meine Großmutter hat keine Briefe aufbewahrt, oder sie hat nie welche bekommen.

Aber vielleicht hatte es schon einmal eine Art Bräutigam gegeben, bevor Karl Scheffold es wurde. Das legen mir Fotos nahe, die sich in einem kleinen Etui befinden, darin die Versicherung, dass ein fünfundzwanzigjähriger Mann ordnungsgemäß beerdigt wurde, nachdem er am 10. Mai 1940 ein Opfer des Krieges wurde. Fotos, auf denen die Nazis in ihren Uniformen dem Tod salutieren, als sei er ein König. Fotos, auf denen Frankreich, ein Pinienwald, ein Dorf zur Bühne der Beerdigung eines Mannes wurden, den meine Großmutter sehr gut gekannt haben muss, denn warum sonst hütet sie ein eigenes Etui mit zwanzig Bildern, auf denen der Sarg, das Grab, die salutierenden Soldaten, der Truppenführer bei der Rede vor dem Grab eines Unteroffiziers namens Ludwig Schwende zu sehen sind, der genauso alt war wie meine Großmutter; davon und von ihm hat sie auch nie erzählt.

Vielleicht ist der Mann, den ich auf den Fotos bisher für Karl Scheffold hielt, auch Ludwig Schwende.

Die Braut am Heldengrab, die ich auf dem Foto sehe, ist achtundzwanzig Jahre alt, aber die Frau, die ich sehe, ist bedeutend älter. Ich sehe eine alte Frau. Ich sehe die gleiche Härte in ihrem strengen Gesicht, die sie bis zu ihrem Tod häufig getragen hat; eine undurchdringliche Schutzmaske, die ihr auch am Grab des Bräutigams keine Träne gestattet.

Meine Großmutter kocht ein.

Gselz. Zwetschgengselz. Erdbeergselz. Himbeergselz. Brombeergselz. Die Gläser werden ausgekocht und auf der Spüle ausgedampft, sie müssen steril sein. Gurken kommen in Weckgläser, Senfgurken auch. Für Gselz, was Marmelade ist, kauft meine Großmutter das ganze Jahr über Mövenpick-Marmelade, die wir zuerst leer essen müssen, bevor sie die Gläser mit ihrem eigenen Gselz auffüllen kann. Am Ende des Jahres steht in unserem Keller noch Marmelade vom Vorjahr, weil wir zu viele Gläser Mövenpick-Marmelade gegessen haben. So geht das immer weiter. Später gibt es Mixed Pickles. Mit Blumenkohl und Paprika und Zwiebeln und Karotten. Sie kommen in Weckgläser. Dafür ist meine Mutter zuständig.

Viele Jahre später, lange nach dem Tod meiner Großmutter, kochen mein Vater und meine Mutter zusammen Relish und Chutney. Die kleinen Mövenpick-Marmeladengläser meiner Großmutter sind dafür hervorragend geeignet.

Ich habe Fotos hin- und hergeschoben, sortiert und immer wieder neu geordnet, ich habe an deren weißen Kanten entlang die Leerstellen vollgeschrieben. Ich wollte ihr, Paula, meiner Großmutter, das Leben schenken, das sie nicht er-

zählen konnte. Es schien mir möglich. Ich bin im Irgendwo gelandet. Das ist wie das Nichts. Zu viele Erfahrungen,
die ich mit ihr gemeinsam hatte, standen ihrem früheren
Leben entgegen, von dem ich nichts wusste. Es hat mich ver-
leitet, aus diesem Leben, das ich kenne, auf jenes, das ich
nicht kenne, Rückschlüsse zu ziehen. Fiktion ist immer
wahr, aber nicht immer wahrhaftig. Ich begann von neuem.
Was bleiben musste, war die Wahrhaftigkeit und die Unruhe.

Bartholomäberg. Meine Großmutter will nur Wallfahrts-
orte und Naturorte besuchen. Sankt Bartholomäberg ist
beides, deshalb ist sie so gerne dort; die Kapelle ist gleich da,
sie ist der Ort, den sie jeden Tag mit einem Spaziergang erreichen kann, auch mit dem schlechten Bein. Kapellen sind
Schutzorte. Gewiss hat sie erlebt, dass das auch einmal nicht
galt, aber davon spricht sie nicht. Je näher sie Gott sein kann,
desto besser geht es ihr. Sie hat keine Angst vor den Bergen,
sie hat mehr Angst vor dem Wasser, vielleicht weil ihre Vor-
fahren dort herstammen, jedenfalls sagt man das. Sie sagt es
nicht. Zwar hindert sie ihr Bein daran, auf die Berge zu stei-
gen, aber das macht ihr nichts aus. Von oben, von der Pen-
sion aus, die sie immer im späten Sommer besucht, sieht
man ins Tal, von hinterm Haus aus hinauf auf die Berge, und
in der Nähe sowie in der Ferne hört sie die Glocken der
Kühe. Die Kühe sehen gesünder aus als zu Hause. Am Abend
ruft das Käuzchen. Sie kauft große Schokoladentafeln für
mich und meinen Bruder und freut sich, dass der Meerret-
tich nicht so heißt wie zu Hause. Kren heißt er hier. Einmal

im Jahr bringen wir sie und Tante Marie und den Gustl in ihre Ferienpension und essen im besten Gasthof des Ortes, weil Onkel Gustl immer nur in den besten Gasthöfen essen will. Onkel Gustl bezahlt alles, was wir uns wünschen. Und jetzt ist früher Morgen, die Dielen knarren, als meine Großmutter Paula den Balkon betritt, die Sonne ist bereits aufgegangen und wärmt schon. Der Nussbaum wirft einen Schatten über den Weg und den Hof. Es ist noch still im Haus, das mag meine Großmutter und gleichzeitig mag sie es nicht. Wenn es zu still ist, kommt die Angst, auch wenn sie weiß, dass da noch andere Menschen im Haus sind.

So stelle ich mir das vor, so sehe ich sie an diesem Ort, an den ich sie oft begleitet habe, der mir noch lebhaft vor Augen steht, das Haus aus dunklem Holz mit den großen Balkonen, von denen man weit übers Land schaute, Berge und Berge überall und Betten, in denen man so tief versank, dass einem nichts geschehen konnte.

Sie ist fünfundsechzig und das Alter wächst mehr und mehr in ihr ohnehin schon schlechtes Bein hinein, in den Knöchel und in den Fuß, und es ist auch schon im Bauch. Wer weiß, wie lang sie noch verreisen kann. Aber hier oben kann sie die Schmerzen und was sie drückt manchmal vergessen. Hier oben wird es leichter. Da muss ich an gar nichts mehr denken, sagt sie, und dass sie nicht klage, nicht klagen will.

So stelle ich es mir vor, wenn ich heute an sie denke, dort oben im Montafon, wo sie dem Himmel immer etwas näher war: Dass die Gedanken, die sie oft so abwesend machten, trotzdem kommen, an schönen Orten noch mehr. Sie kommen in der Nacht und am Tag, wenn es still ist, sie kommen nicht, wenn sie betet. Das Gebet ist ein Geschenk Gottes, hat meine Großmutter einmal gesagt, als ich es längst als schwere Last empfand. Die Gedanken kommen auch, wenn sie in der Kirche steht und die Hostie verteilt wird, dann kommen sie als schlechtes Gewissen. Du bist es nicht wert, hier dein Maul aufzusperren und diesen wunderbaren Leib zu empfangen. Das ist doch nicht wahr, will sie dann sagen. Es ist doch wahr, denkt sie. Sie hat nichts Schlechtes getan, sie sagt sich das wieder und wieder. Eine Balkontür knarzt und sie wendet automatisch den Kopf, obwohl sie genau weiß, wer da herauskommt.

Bisch scho wach, sagt Marie, guta Morga! Marie hat rote Hausschuhe aus Samt an, und wenn sie auf den Balkon kommt, ist der Gustl auch gleich da.

Wo Marie ist, ist der Gustl nicht weit. Und andersherum. De mei, sagt der Gustl, wenn er Marie meint, was so viel heißt wie meine Frau.

Er hat die gleichen Hausschuhe in Grau. Es ist gut, dass es den Gustl gibt, auch wenn meine Großmutter ihn am Anfang nicht besonders leiden konnte. Sie waren eben immer zu zweit gewesen, Marie und sie. Aber Gustl ist gut für die Marie. Er ist lustig, und dass er manchmal ein bisschen cholerisch ist, damit kann man umgehen. Er hat auch ein Problem und er spricht manchmal darüber.

Was hilft das denn, wenn man dieses alte Zeug ausgräbt, denkt Paula.

Guten Morgen, sagt Gustl. Er steht bereits in Hose, aber noch im Unterhemd in der Tür. Das spärliche Haar liegt nass über dem kahlen Schädel. Sein Bauch ist kugelrund.

Er lacht. Wo ganga mer heit nauf?, fragt er.

Marie sagt: Jetzt dua amol langsam. Was so viel heißt, wie er soll mal keinen Stress machen.

'S wird warm, sagt meine Oma Paula und zeigt hinab ins Tal, wo die Sonne bereits alles einqleißt und leuchten lässt. Sie steht selbst bereits etwas im Schatten, weil ihr zu warm geworden ist. Gustl und Marie gehen manchmal noch auf eine Alm, aber mehr als hundert Höhenmeter schaffen sie auch nicht mehr. Paula sitzt derweil lieber auf der Sonnenterrasse im Dorf unterm Dachvorsprung. Sie muss das kranke Bein hochlegen, sonst wird es dick.

Auf goht's, sagt der Gustl.

Zieh d'r doch erst amol a Hemded a, sagt Marie.

Vielleicht tut sie sich auch manchmal schwer mit dem Gustl, weil er ihre Tochter so gern hat. Meine Großmutter will so etwas nicht denken, aber der Gedanke kommt von selbst. Sie geht zurück in ihr Zimmer. Sie ist froh, dass Marie und Gustl dabei sind, aber manchmal ist es ihr auch zu viel. Sie nimmt das blaue Strickjäckchen aus dem Schrank, ihre Tochter hat es ihr geschenkt. Sie mag die Kleider und Taschen, die ihr die Tochter schenkt, sie mag sie mehr als alle anderen Sachen, die sie besitzt. Paula schlüpft aus den Hausschuhen. Andere Schuhe kann sie nur anziehen, wenn sie sich auf die Bettkante setzt und mit dem Schuhlöffel in die schwarzen Sonntagsschuhe pfercht. Sie hört, dass sie stöhnt. Was gibt's da zum Stöhna, sagt sie zu sich selbst. Man darf nicht wehleidig sein.

Das Strickjäckchen hat keine Tasche, also muss sie ihre Handtasche mitnehmen, sonst weiß sie nicht wohin mit dem Rosenkranz. Sie hört draußen auf dem Balkon Marie herumpirschen.

Wo bisch?, ruft Marie.

Paula antwortet nicht. Marie wird ohnehin gleich bei ihr im Zimmer stehen.

Was duasch no?, fragt meine Tante Marie und das heißt so viel wie: Jetzt komm mal voran.

I brauch no mei Dasch, sagt meine Großmutter.

Du brauchsch doch koi Dasch jetzt, sagt meine Tante Marie.

Was woisch du.

Es ist wie ein Wunder, wenn ich meine Großmutter so gut hören kann.

Ich zähle 419 Fotos in den Kartons und Alben meiner Großmutter. Als könnte die schiere Menge stummer Bilder über den Mangel an Geschichten hinwegtäuschen, die es dazu zu erzählen gäbe.

Es ist früher Nachmittag, April, meine Großmutter legt den Kopf in den Nacken und sieht hinauf zu ihrer Wohnung. Die Jalousien sind geschlossen. Sie hat sie oft unten, weil sie sich sonst ungeschützt fühlt. Ich glaube, dass meine Großmutter sich nicht geborgen fühlt in diesem Haus, genauso wenig wie ich mich hier geborgen fühle. Anstatt für Geborgenheit sorgt dieses Haus für Spannung. Vielleicht fühlen sich meine Großmutter und ich geborgen, wenn ich nachts nach den Alpträumen zu ihr ins Bett komme. Es wird dann wärmer als sonst im Bett, zu warm eigentlich, aber ein zweiter Atem erleichtert das Einschlafen. Die Wohnung meiner

Großmutter ist, wenn man es genau nimmt, ein Alibi. Das Zimmer, das sie einmal inmitten der Familie hatte, war ihr gut genug. Aber meine Eltern wollten dieses Haus bauen. Für meine Großmutter ist dort nichts besser, außer dass sie nun ein eigenes Bad hat, das sie nur mit mir teilen muss. Meine Großmutter sitzt stundenlang in ihrem Sessel, und stünde sie nun nicht im Garten und starrte hinauf zu ihrem Fenster, säße sie dort oben und in ihrer Hand schlängelte sich rastlos der Rosenkranz.

Ich habe gehört, dass meine Großmutter gesagt hat, man hätte den Garten bereits im Herbst umgraben müssen, aber weil der Frost zu früh gekommen war, die Erde gefroren, dann wieder taute, dann Regen kam, dann wieder Kälte, dann Schnee, ist er jetzt umso härter. Und dass mein Vater mehr tun sollte und nicht so viel reisen. Mal Paris, mal Brasilien. Meine Großmutter sagt, dass die Prospekte von Moulin Rouge aus Paris nichts für Kinder sind. Sie sagt, dass ich meiner Mutter nicht sagen darf, dass sie das sagt. Sie sagt das, weil sie die Prospekte eigentlich nicht kennen darf. Ich weiß das. Sie liegen im Schlafzimmer meiner Eltern in der Schublade. Ich kenne sie auch, weil mein Vater sie uns nach einer Paris-Reise gezeigt hat. Meine Großmutter kennt alles, was sich im Haus befindet, und alles, was sie stört, lässt sie für gewöhnlich verschwinden. Das geht mit den Prospekten von Moulin Rouge nicht, das weiß sie.

Ich sehe, wie sie mit dem Spaten auf etwas sehr Hartes in der Erde stößt, sie steigt mit dem rechten Fuß auf das Spatenblatt, aber nichts gibt nach. Ich frage mich, was das sein kann. Wie kommt so etwas über den Winter plötzlich in den Garten? Ich sehe, wie meine Großmutter mit den Schultern zuckt. Dann fasst sie wieder in die Schürzentasche. Es geschieht fast automatisch, wie immer wenn sie sich unsicher fühlt. Ich mache mich im Gebüsch ein wenig kleiner, und weil mein rechter Fuß zu zittern beginnt, lege ich das Schienbein jetzt ab. Meine Großmutter bewegt den Spaten wie einen Hebel in der Erde vor und zurück, aber es sieht nicht so aus, als ob sich etwas rührte. Sie zieht den Spaten heraus und stößt ihn eine Fußlänge weiter in die Erde, der Spaten sticht durch. Ich sehe, wie sie auf den Spatenstiel drückt, sie versucht die Erdscholle anzuheben, aber das geht anscheinend sehr schwer. Ich merke, dass meine Großmutter die Kraft verlässt. Ich weiß nicht, ob ich lachen soll oder ob ich erschrocken bin. Meine Großmutter hat viel Kraft. Ich versuche mich anders hinzusetzen, ohne zu rascheln. Meine Großmutter steht gebückt, dann richtet sie sich auf, sie fasst sich wieder in die Tasche. Für einen Moment steht sie ganz still, dann schaut sie hinauf in den Himmel. Ich zähle, eins, zwei, drei, vier, bis einundzwanzig. Dann schaue auch ich hinauf. Bis ich dieses Geräusch von Spatenschaufel an Erde wieder höre, es ist das Eisen, das einen Ton macht. Und dann sehe ich, wie meine Großmutter den Spaten loslässt, wie sie kippelt auf dem Holzbrett, und ich springe auf und laufe aus meinem Versteck zu ihr.

Auf einer Wiese steht eine Kuh und noch eine und noch eine. Und eine steht, und eine geht, und eine schaut, und eine strullt, und eine scheißt. Du siehst das, und du weißt, es war schon immer so, es wird immer wieder so sein. Und sie alle tragen unterschiedliche Frisuren, und wenn sie grasen, klingt das beruhigend und friedlich. Es ist Sommer und am Abend, wenn die Kühe in den Stall getrieben werden, wird es still. Sie sind müde. Es ist die Zeit der Fliegen und Bremsen. Es ist gut, wenn die Nächte kühl werden. Am Himmel der Große Wagen und alles, was du brauchst, um dich an einen anderen Ort zu denken. Sterne, wie Inseln. Oben am Hang schleicht der Fuchs vorbei, aber niemand kann ihn sehen in der Dunkelheit. Am Morgen, wenn die Bäuerin und der Jungbauer oder der Altbauer sich im Haus zu bewegen beginnen, fangen auch die Kühe an sich zu rühren. Sie tönen, sie machen Geräusche, sie sprechen. Es kommt die Bäuerin zum Melken, es kommt der alte Bauer mit dem Futter. Es lenkt der Jungbauer den Traktor. Es kommt der Tag in den Stall, es fließt die Milch in den Trog. Es fährt der Laster vors Haus. Das ist in manchen Gegenden noch heute so. Nur dass die Milch noch auf einer Karre zum Milchhäuschen gefahren werden musste, damals. Du bist dort aufgewachsen, wo es so war. Und das Zimmer der Großmutter hat hinübergeschaut zum Hof und zum Hühnerstall und auf den Gemüsegarten hinaus, und es gab eine Weite, nach der du jetzt immer wieder suchst. Es gab eine Weite, nach der die Großmutter vielleicht auch gesucht hat, später, als ihr weggezogen seid in das neue Haus. In diesem Garten konntest du dich verstecken wie der Fuchs, in diesem Garten landeten versehrte Tauben und wurden gepflegt, in diesem Garten konnte man dich nur finden, wenn du es wolltest.

Ich bin vierzehn geworden. Ich habe einen Plattenspieler bekommen und besitze meine erste Platte, Alan Parsons' »Eve«. Ich habe keine Ahnung von Musik, weil bei uns nur willkürlich Musik gehört wird. Heimatmusik, Schlager von Udo Jürgens, Bigbandmusik von James Last, Richard Strauss zu Neujahr und manchmal sonntags. Von Bach so wenig eine Spur wie von den Beatles oder Pink Floyd. Montags schaue ich mit meiner Großmutter die Hitparade mit Dieter Thomas Heck. Meine Großmutter hat keine Ahnung von Musik. Meine Mutter interessiert sich nicht für Musik. Mein Vater genauso wenig. Ich habe mir die Platte nach der Schule gekauft. Sie stand in einer Kiste mit anderen Platten, die es billiger zu kaufen gab. Vielleicht hat sie neun Mark neunundneunzig gekostet. Ich war stolz auf diese Platte, weil das Cover gut aussah, darauf Frauen mit Netzschleier, die jung und anziehend wirkten. Sexy. Auch zu Hause noch sieht diese Platte gut aus. Und als ich sie auflege, bin ich überrascht, wie gut sie mir gefällt. Ich höre sie unendlich oft, ich kann nicht mehr aufhören, »Lucifer« zu hören. Ich vergesse alles, wenn ich in meinem Zimmer bin und »Lucifer« höre, aber meiner Großmutter gefällt das nicht, dass ich alles vergesse, und es ist, als ob sie ein Musikstück, das so aufregend ist, wie es heißt, nicht dulden kann unter ihrem Dach. Ich höre die Musik bei geschlossener Tür, ich habe angefangen, mir zu erlauben, die Tür zu schließen. Ich habe aufgehört, die Tür nur angelehnt zu lassen. Meine Großmutter mag das nicht. Wenn ich die Tür schließe und »Lucifer« beginnt, steht meine Großmutter im Zimmer. Sie sagt nichts. Sie betrachtet mich wie ein Tier im Zoo, dabei sitze ich nur an mein Bett gelehnt auf dem orangefarbenen Teppichboden und höre das Musikstück. Ich versuche sie nicht zu beachten, aber sie geht nicht wieder hinaus.

Kannst du das nicht leiser machen?

Ich will das nicht leiser machen.

Sie geht zum Plattenspieler. Ich glaube, dass sie noch nie in ihrem Leben einen Plattenspieler bedient hat. Ich habe Angst um meine einzige Platte und springe auf.

Das ist meine Platte, sage ich, das ist mein Zimmer. Sie steht für einen Augenblick still. Ich springe auf und stelle mich schützend vor den Plattenspieler.

Mach leise, sagt sie.

Aus Angst, dass sie es tut, hebe ich den Tonarm an.

Sie dreht sich um und geht hinaus, dabei lässt sie die Tür angelehnt.

Ich schließe die Tür. Ich lege den Tonarm wieder auf die Pausenrille vor »Lucifer«. Es knistert. Als das Stück beginnt, vergesse ich das Knistern. Ich höre das ganze Stück. Es geht mir gut dabei. Als ich mich entspannen kann, lege ich den Tonarm noch einmal auf den Anfang und mich selbst aufs Bett unter das Dachfenster und schaue in den Himmel. Ich bin so froh, wie ich da liege und die Wolken über mich hinwegziehen, dass ich die Augen schließe und plötzlich so weit weg bin, dass ich das Rascheln erst bemerke, als es schon ganz nah ist. Es sind die Strumpfhosen meiner Großmutter, die zwischen ihren kräftigen Schenkeln gegeneinanderreiben.

Was tust du da, fragt sie, und ich sehe den Himmel nicht mehr. Ihre Haut hängt schlaff, wenn sie den Kopf beugt, sie hat ein Doppelkinn.

Ich fühle mich bei etwas ertappt, das schön war. Es ist, als hätte ich mich selbst befriedigt und meine Großmutter hätte mich dabei gesehen. Ich schäme mich und stammle irgendetwas Erschrockenes. Ich hasse mich in diesem Moment. Ich schreie nicht. Ich sage nicht, hau ab. Ich sage auch nicht, dass ich mich gar nicht traue, mich selbst zu befriedigen, weil ich Angst habe, dass sie mich dabei ertappt. Ich sage nicht, dass ich Angst habe, mich anzufassen. Ich sage nicht: Verschwinde aus meinem Zimmer! Nicht: Warum beobachtest du mich? Ich stehe auf, mache die Musik aus und verlasse das Zimmer, das mein Zimmer ist, das sie in Besitz genommen hat. Wieder einmal. Ich gehe nach unten und sage meiner Mutter, dass ich dort oben nicht mehr wohnen kann.

Meine Mutter sagt, dass sie mich versteht. Aber wo soll ich sonst wohnen?

Unten wohnt mein Bruder. Und ein weiteres Zimmer, außer dem Schlafzimmer und dem Wohnzimmer, das mit dem Esszimmer und dem Flur einen offenen Raum bildet, gibt es nicht.

Ich wohne in einem Haus, in dem es keinen Platz für mich gibt.

Später werde ich sagen: Meine Großmutter kann nicht unterscheiden zwischen sich selbst und mir, ihrer Enkelin.

Aber ich darf doch Musik hören in meinem Zimmer.

Natürlich, sagt meine Mutter, mach halt die Tür zu.

Ich sage, dass ich die Tür zumache, dass ich schon laut höre, aber nicht ganz laut.

Ich weiß, sagt meine Mutter.

Sie darf nicht einfach hereinkommen, ohne anzuklopfen.

Sag ihr das, sagt meine Mutter.

Ich habe ihr das gesagt.

Hilf mir, sage ich, aber ich weiß, dass meine Mutter jedem Konflikt mit meiner Großmutter aus dem Weg geht, weil sie Angst hat vor ihrer eigenen Wut. Das ganze Leben meiner Mutter ist ein Konflikt mit ihrer Mutter. Deshalb muss sie ihr immerzu aus dem Weg gehen. Sie laufen in einem Haus herum, und sobald meine Großmutter sich meiner Mutter nähert, versucht sie wegzulaufen.

Meine Mutter sitzt auf dem Sofa. Der Cockerspaniel wedelt um uns herum, als ob er fröhlich ist, oder vielleicht weil er möchte, dass wir fröhlich werden. Meine Mutter hat ihre Zeitschrift nicht aus der Hand gelegt. Sie blättert. Ich schaue ihr dabei zu und sage, dass ich ja vielleicht in den Keller ziehen könnte. Ich stehe auf. Ich gehe in den Keller und schaue mir alles an. Es gibt den mittleren Keller, dort hängt nur die Wäsche. Er hat ein Lichtschachtfenster, es ist also stockdunkel da. Ich gehe in unseren Hobbykeller, da steht die Tischtennisplatte. Wenn man die Tischtennisplatte wegräumen würde, dann wäre das ein großer Raum. Er führt zum Hof. Eine Tür geht nach draußen, das Fenster ebenso. Jeder kommt daran vorbei, wenn er zur Haustreppe geht. Ich stehe da und weiß, dass mich hier nur die Angst verfolgen würde, vor den Schritten draußen, davor, dass jemand sieht, dass ich ganz alleine im Keller wohne, und mich überwältigt. Ich sehe, dass der Keller keine Lösung ist.

Meine Mutter steht jetzt auf der Terrasse und raucht. Es ist kalt. Aber immerhin hat sie jetzt keine Zeitschrift dabei. Der Hund wedelt um sie herum.

Im Keller kann ich auch nicht wohnen, sage ich.

Meine Mutter schüttelt den Kopf.

Warum sagst du nichts zu ihr?

Sie stößt Rauch aus. Wütend sagt sie: Du weißt doch, dass das nichts bringt. Als ich heute Morgen mit dem Hund spazieren war, hat sie wieder meine Nachttischschublade durchwühlt.

Woher weißt du das?

Das weiß ich, sagt sie.

Sie arbeitet als Reinemachefrau in einem großen Pharmakonzern, meine Großmutter, deshalb ist sie an manchen Tagen nicht da. Es sind gute Tage, weil meine Mutter entspannt ist. Es sind manchmal sogar sehr gute Tage. Wir reden mehr miteinander. Von ihrer Arbeit erzählt meine Großmutter wenig. Was gibt es da schon zu sagen, sagt sie. Das Wichtigste daran ist, dass sie rauskommt, unter andere Leute, deren Namen sie nie nennt, zu einer Arbeit, in der man in Schutzkleidung durch Schleusen geht, bei der man wieder schweigt, weil man zu sehr in der Schutzkleidung steckt und zu sehr in seinen Gedanken.

Viele Jahre habe ich gedacht, dass meine Großmutter eine Vergewaltigung erlebt hatte. Warum sonst schweigt jemand so hartnäckig über den Vater des eigenen Kindes, über sein eigenes Leben, wenn er nicht traumatisiert ist. Dann erhielt meine Mutter einen Anruf, der alles widerlegte: Ihr Vater liegt bei uns. Und meine Mutter legte den Hörer auf, weil das nicht sein konnte, weil das für sie in diesem Augenblick nicht vorstellbar war.

Es gibt also einen bekennenden Vater.

Als das Grab meiner Urgroßeltern aufgelöst wird, wird auch der Ort aufgelöst, an dem der große Bruder meiner Mutter, das Kind mit dem offenen Rücken, gelegen hat. Inzwischen bin ich überzeugt, dass es auch für dieses Kind einen Vater gibt, der kein Vergewaltiger ist. Sicher kann ich trotzdem nicht sein.

Ich finde weiße Handschuhe. Sie sind zu groß für meine schmalen Hände, aber ich finde sie sagenhaft schön. Die Handschuhe liegen in einem kleinen Karton und der liegt plötzlich in meinem Schrank. Es ist ein Glückskäfer darin, aus Holz, alt und vergilbt, ein paar dieser Heiligenbildchen, die man zur Kommunion schenkt und die meine Großmutter immer überall hineinsteckt, wenn sie das Schicksal beschwören will. Sie besitzt viele davon. Ich weiß nicht, woher sie die bezieht. Vielleicht werden die auf den Wallfahrten, an denen meine Großmutter regelmäßig teilnimmt, gleich im Bus verkauft. Auf dem Heiligenbildchen ist ein Kind abgebildet mit einem Schaf im Arm, sein Umhang hat ein besonders schönes Orange. Das Kind trägt ein Kreuz. Ich mag diese Bildchen, aber sie machen mir auch Angst. Sie bedeuten immer etwas. Ich bin in Gefahr. Warum legt meine Großmutter mir diesen Karton in den Schrank?

Die Handschuhe sind so seidig glatt, dass ich sie nicht mehr ausziehen möchte, aber weil diese Heiligenbildchen dabeiliegen, kommen sie mir plötzlich gefährlich vor. Sie sind makellos, sie gehören mir nicht. Aber sie lagen in meinem Schrank. Was ist ihr mit diesen Handschuhen geschehen, dass meine Großmutter sie nun umlagern muss in meinen Schrank, was will sie damit beschwören? Warum können sie nicht in ihrem Schrank bleiben?

Ich spüre, dass ich wütend werde. Ich ziehe die Handschuhe wieder aus, ich lege sie zurück in die Schachtel und dann gehe ich hinüber zu meiner Großmutter Paula ins Zimmer.

Was soll das, frage ich, warum hast du diese Handschuhe in meinen Schrank gelegt?

Sie sieht nur einen Moment auf, dann blickt sie wieder auf ihren Schoß.

Ich sehe die rechte Hand in ihrer Schürzentasche zum Tierchen werden. Ich denke an Wiesel, an Frettchen, wie sie mein Freund Christian zu Hause hat. Ich denke einen Augenblick lang an diesen Ort, dieses schöne Haus, die warmherzige Mutter, den großmütigen Vater. Ich denke daran, wie sie miteinander sprechen beim Essen, wie wohl ich mich bei ihnen fühle. Ich schäme mich für diese Gedanken. Ich sehe meine Großmutter vor sich hin starren und sehe ihre Hand beten. Sie masturbiert mit dem Rosenkranz, denke ich und im selben Moment, dass ich jetzt nichts sagen darf. Wenn ich etwas Falsches sage, werde ich bestraft werden. Vater unser im Himmel, geheiligt werde dein Name, denke ich und es spricht in mir weiter. Ich kann nichts dagegen tun, es ist wie ein Zwang. Es ist meine Rettung. Ich sehe, wie die Hand meiner Großmutter sich immer schneller bewegt, meine Großmutter betet ein Turbovaterunser, und unausgesprochen setzt sich in meinem Kopf dieses neue Tempo fest. Ich stehe neben meiner schweigenden Großmutter und spreche schweigend ein Turbovaterunser nach dem anderen. Der Wellensittich hüpft aufgeregt in seinem Käfig herum. Bubi, pscht, sagt meine Großmutter. Sie schaut für einen kurzen Moment auf den Vogel, der für einen ebenso kurzen Moment innehält. Dann beginnt er wieder im Käfig herumzuhangeln; und es ist, als ob sich die Bewegungen der Hand meiner Großmutter in der Schürzentasche und das Hüpfen des Vogels hinter den Gitterstäben und das Gebet in meinem Kopf vereinen und mich in Bann schlagen.

Ich stehe in ihrem Zimmer, die Schachtel mit den Handschuhen in der Hand, und ich kann mich nicht bewegen, denn dein ist das Reich und die Kraft und die Herrlichkeit, in Ewigkeit, Amen. Ich stelle die Schachtel vor meiner Großmutter auf den Wohnzimmertisch. Ich gehe hinaus.

Ich schreibe den weißen Handschuhen eine Geschichte, weil jedes Ding eine Geschichte hat und diese Handschuhe müssen eine besondere Geschichte haben, sonst hätte meine Großmutter sie nicht aufbewahrt, sie nicht so weit weg haben wollen von sich und mir gleichzeitig so nahe bringen.

Er hat ihr weiße Handschuhe geschenkt. Sie lagen wie ein Schwanengefieder über ihrem Unterarm und bedeckten ihn zur Hälfte. Schau, hat er gesagt und Paula ein rosarotes Päckchen gegeben, das knisterte.

Sie spürte das Seidenpapier in der Hand und sah den Aufkleber, und auch wenn sie den nicht gesehen hätte, so ein Päckchen bekam man nur bei teuren Geschäften in der Stadt. Die meisten davon kannte sie nicht. Was man nie gesehen hat, vermisst man auch nicht. Das Päckchen war leicht und fühlte sich weich an. Sie hat gesehen, wie er sie anguckte und dass er sich freute, weil sie so schüchtern war. Vielleicht auch, weil er sah, wie sehr sie das alles durcheinanderbrachte. Sie hat nur daran denken können, wie es um sie herum aussieht; und dass das Päckchen doch dazu gar nicht passte, das hat sie auch gespürt.

Du siehst schön aus, sagte er.

Aber wenn sie so schön aussah, passte sie auch nicht in dieses Haus, nicht mehr. Wie konnte man schön ausschauen und in einem Haus wohnen, in dem nichts schön war. Deshalb konnte Paula das Päckchen nicht auspacken.

Er hat ihre Hand genommen und gesagt: Pack es doch aus.

Sie hat den Kopf schütteln müssen. Später.

Das hat er nicht verstanden.

Sie sind zu ihrer Wiese gegangen. Seine Hand lag in ihrem Rücken. In ihrer Hand hielt sie das Päckchen. Sie kann sich nicht daran erinnern, was sie miteinander gesprochen haben. Er hatte mehr Geld, er war viel gescheiter als sie, er konnte reden. Er war schon einmal in München gewesen. Er war ihr in allem überlegen gewesen.

Sie besaß drei Kleider, drei Mieder, ein paar gute Schuhe, einen Mantel für den Sommer, einen Mantel für den Winter. Den Rest konnte sie nicht vorzeigen. Sie war schon einmal in Lindau gewesen. Es hat vielleicht so kommen müssen, wie es kam, weil sie gar nicht zusammenpassten, eigentlich. Wenn es nicht der Krieg gewesen wäre, der sie trennte, dann eben etwas anderes. Damals hat sie das sicher nicht gedacht. Der Herrgott richtet's. Das denkt sie heute.

In der Wiese haben sie sich nebeneinandergesetzt.

Mach es auf, hat er gesagt.

Sie weiß noch, dass er gut roch. Auch glaubt sie, wenn sie später noch einmal seinen Duft hätte riechen können, wären alle Gefühle wiedergekommen. Sie ist sich nicht sicher, ob es gut war oder schlecht, dass das nie passiert ist. Vielleicht war es eher gut.

Als sie das Päckchen aufwickelte, musste sie sofort an Schwäne denken und auch, dass ihre Hände dafür viel zu grob waren. Das dachte sie als Erstes.

Zieh sie an, hat er gesagt, und da wusste sie, dass er die Handschuhe für dieses weiße Sommerkleid mit den roten Blüten und den gebauschten Ärmeln gekauft hatte, das sie genau jetzt trug. Es war das Kleid, das sie immer trug, wenn sie ihn traf. Es war das einzige elegante Kleid, das sie besaß.

Sie passen dazu, hat er gesagt.

Sie hat sich gewundert, dass er wusste, wie groß ihre Hände waren, dass er die richtige Größe ausgesucht hatte. Wie eine Dame siehst du jetzt aus, hat er gesagt.

Sie hat sich schön gefühlt, aber auch ein bisschen falsch. Immer, als habe sie das nicht verdient. Der irrt sich, hat sie gedacht. Sie war eifersüchtig auf Marie gewesen, mit der er viel unbeschwerter sprach und fröhlich war. Eigentlich wollte er Marie. Sie war nur zu jung. Irgendwann wird er Marie haben, hat sie gedacht.

Sie hatten gemeinsam auf ihre Hände geschaut, er im Anzug in der Wiese liegend, auf den Ellbogen gestemmt. Sie neben ihm sitzend. Ihre weißen Schwanenhände.

Wann sollte sie diese Handschuhe tragen?

Immer.

Bis heute denkt sie, dass der Karl eigentlich Marie hat haben wollen. Bis heute glaubt sie an diesen Irrtum, den nur einer klären konnte. Der da oben. Und er hat es getan. Wäre der Karl aus dem Krieg zurückgekehrt, hätte er Marie gewollt, weil die noch schöner geworden war in der Zwischenzeit. Und dann wäre es aus gewesen zwischen ihr und der kleineren Schwester. Nie hätte sie es aushalten können, zu sehen, wie Karl Marie küsst. Da hat Marie noch so oft sagen können: Du irrst dich, er hat nur Augen für dich. Sie weiß nicht, was stimmt. Sie glaubt, dass sie Karl geliebt hat. Aber kann man jemanden lieben, der gar nicht zu einem passt? Paula weiß lange nicht, wo diese falschen weißen Hände hingekommen sind. Sie hat sie nie mehr gesehen.

Und plötzlich sind sie wieder aufgetaucht und mit ihnen die ganze Geschichte.

Es kann aber auch sein, dass es ganz anders war und Ludwig Schwende ihr die Handschuhe geschenkt hat. Und genauso gut kann es sein, es ist keiner von beiden gewesen, weil es noch einen anderen gab.

Es gibt ein Haus und es ist ein Garten hinter dem Haus und der Garten ist auch eine Gänsewiese und es gibt den Spitz. Es gibt die Frau in der Küche, die ist zu Mittag betrunken und zu Abend. Es gibt die Frau in der Küche, die schickt die Tochter zum Putzen zum Nachbarn. Es gibt die traurige betrunkene Frau in der Küche, die schlägt nicht mit den Händen, aber indem sie nicht spricht, schlägt sie doch. Es gibt

Stille, die Schweigen ist und laut. Es gibt Regale mit Eingemachtem, es gibt Holz in der Ecke, es gibt einen Herd zum Einfeuern. Es gibt Kartoffeln. Es gibt den Mehlsack und die Schütte. Es gibt Zwiebeln im Garten und den Lederapfelbaum und den knorrigen Birnbaum; Fleisch gibt es nur selten. Es gibt den Großvater der Tochter, und das ist, als hätte jemand doch noch Erbarmen mit ihr gehabt. Es gibt die Schimpfworte, die die Tochter treffen, aber der Mutter gelten. Bastard und Polackenkind und Zigeuner. Sie zählen die Welt auf, die unbekannt ist auf dem Dorf. Jemand will Bescheid wissen, aber keiner weiß etwas. Wen willst du fragen? Es gibt keine Sprache für das Nichts. Es gibt das Schweigen. Es gibt das Fell der Kaninchen im Stall und das Schnattern der Gänseschar draußen im Garten, auf dem Weg zur großen Freiheit. Es gibt den schwarzen kleinen Hund an der Seite des Mädchens, den Spitz, es gibt also die Tiere, die schnaufen und bellen und schnattern, und sie geben ihr Fell und ihr Gefieder in die Mädchenhände. Es gibt ein sehr schönes Mädchen. Es sieht nicht aus, als sei es von hier, es hat keine Augen von hier, und es hat nicht die Statur der Mädchen im Dorf. Es ist schmal und zäh und drahtig, und wenn es spricht, meint es das Leben ernst. Es gibt Tauben unterm Scheunendach, wenn man denen einen Brief mitgeben könnte, für den, den man nicht kennt! Und wenn sie losflögen mit dem Brief und wenn sie ankämen. Wenn er wüsste, dass es sie gibt!, denkt das Mädchen. Es sind aber keine Brieftauben, sagt der Großvater. Es sind unsere Tauben, mein Mädchen, und du hast doch mich. Wenn das nur genügte. Wenn doch der, der nicht da ist, der beste Mensch der Welt sein könnte. Das könnte sein. Das kann sie sich vorstellen.

So ähnlich hat das meine Mutter erzählt.

Es gibt die Gänseschar hinter dem Wohnhaus und um die Gänseschar herum ist ein Zaun gebaut. Der Zaun ist zu hoch für das Mädchen, aber die Gänse zetern und das Mädchen versteht, dass die Gänse gerne aus der Umzäunung herauswollen, ganz sicher wollen sie das. Und weil das Mädchen nicht besonders groß ist und nicht besonders stark, packt es die Gänse, eine nach der anderen, an ihren langen Hälsen und hievt sie über den Zaun. Dass das nicht gutgeht, dass das ein Unglück ist vor dem Herrn und vor sich selbst, wenn man unfreiwillig mordet. Dass nichts hilft, auch kein Gebet. Dass der Großvater tobt und die Mutter sie als Nichtsnutz beschimpft. Das weiß sie ohnehin, obwohl sie an ihrer Stelle beim Nachbarn putzt. Auch wenn sie erst zwölf ist oder dreizehn. Sie weiß, wie man putzt. Und wie der Tod kommt, das weiß sie jetzt auch. Und wie sich Einsamsein anfühlt, als sie den Spitz nicht mehr hat. Dann gibt es das Haus und ein Bett in einem Zimmer, das sie nicht mag, und es gibt den Großvater, bis auch der nicht mehr da ist, und dann bleibt nichts mehr. Nur die Mutter, betrunken und später mit einem kranken Bein.

Seit meiner Kindheit habe ich einen Alptraum. Mit jedem neuen Ort, an den ich komme, mit jedem neuen Mann, der in mein Leben tritt, taucht er auf: Ich bin an einem fremden Ort in einer Toilette und plötzlich merke ich, wie jemand von außen diese Toilette erklimmt, und schon jetzt weiß ich, dieser Mensch, ein Mann, wird es schaffen, zu mir einzudringen. In mich einzudringen. Und ich schreie, aber ich habe keine Stimme. Später habe ich im Traum eine Stimme, von der ich selbst aufwache oder jemand neben mir. Ich kenne den Traum, seit ich zehn Jahre alt bin. Zum ersten Mal tauchte er auf, als wir aus dem Haus des Bauern, das ich sehr liebte, in unser eigenes Haus zogen, das ich nie lieben lernte. Ich weiß nicht, wie der Traum damals zu mir kam und warum, nur kenne ich die wahnsinnige Angst meiner Großmutter und meiner Mutter, dass ihnen etwas geschehen könnte an fremden Orten, im Wald, irgendwo, wo sie sich nicht auskennen. Lange Zeit war das auch meine Angst. Nach vielen Reisen, auch alleine, nach vielen Veränderungen im Leben hat sie nachgelassen. Aber der Toilettenalp ist mir geblieben.

Als Erstes sehe ich nach, ob auf den Fotografien in den Kartons meiner Großmutter etwas auf der Rückseite steht, aber meistens steht nichts darauf außer einer Nummer.

A 924 ist das allerschönste Bild, das ich bei ihren Fotos finde. Es erzählt von einem satten, guten schönen Leben oder wenigstens einem solchen Tag draußen in der Wiese unter blühenden Obstbäumen, von lachenden Menschen, die essen und trinken und in ihrer Unbekümmertheit lässig wirken und elegant. Ich erkenne niemanden auf dieser Fotografie. Ich sehe drei Frauen, zwei Männer und zwei Mädchen unter einem Baum sitzen. Ein weiteres Mädchen steht hinter der kleinen Picknickgesellschaft und blickt fröhlich und selbstsicher in die Kamera. Es ist ein Foto, das vor dem Zweiten Weltkrieg oder vielleicht zu dessen Beginn entstanden sein muss. Der Karosserie des Autos wegen, später sehen die Autos anders aus. Das Auto im Hintergrund ist ein Mercedes, glänzend und gepflegt oder sogar neu, eine Familienkutsche, wie sie nur in gutbürgerlichen Kreisen gefahren worden ist, ein teures, dunkles Gefährt. Meine Großmutter hat als junge Frau und als nicht mehr ganz so junge Frau den Haushalt einer solchen Familie geführt und vielleicht war dieses Bild ein Geschenk an sie aus einem anderen Leben, ein Dankeschön oder eine Erinnerung an eine gute Zeit, an Sommertage in weißen Kleidern und weißen Hemden unter gestreiften Krawatten, mit um den Kopf geschlungenen Tüchern, elegant verknotet, Barettmützen und Kindern in Sommerkleidern und weißen Strümpfen, die keine Angst vor dem Leben haben. Kein bisschen.

Als ich diese Fotografie, wie bereits häufig zuvor, in den Händen halte, fällt mir unter der Lupe zuerst das Kleid der jungen Frau auf, die an die deutlich ältere geschmiegt an einem Baum lehnt, und ich schaue genauer. Ich bin sicher, dieses Kleid zu kennen. Ich suche nach einem Beweis dafür und wieder gehe ich meine Fotografien durch, bis ich es habe: Es ist das Kleid, das meine Großmutter auf dem Handschuhfoto trägt. Und so finde ich also meine Großmutter in diesem Kleid in einer Wiese sitzend, und wie sie mit den verliebtesten Augen, die ich mir vorstellen kann, den Fotografen anlächelt. Und als ich die Lupe noch einmal benutze, sehe ich die goldene Uhr, die sich später in einer Schatulle in ihrer Kommode befand. Meine Großmutter ist auf der Fotografie vielleicht zwanzig Jahre alt. *Foto Franz, Biberach/R.* steht auf der Rückseite.

Ich weiß, sie will in die Kirche gehen. Davor zieht sie im Flur die Schürze aus, sie zieht im Bad ihren Alltagsrock aus, schlüpft in den engen Rock, mit dem sie nur kurze Schritte machen kann, die Strumpfhose raschelt. Es klingt nicht aufregend. Die Strumpfhose ist hautfarben. Ich höre das durch die geschlossene Tür, und was ich nicht höre, weiß ich. Unter der Strumpfhose trägt sie riesige weiße Unterhosen, sie reichen ihr fast bis zu den Knien, die dick sind. Ich höre sie auf dem Flur auf und ab gehen, ich will das nicht hören, aber es ist unmöglich, es nicht zu hören. Ich fühle mich durch ihre Anwesenheit vor der Tür bedroht. Ich kann nicht mehr denken und ich kann nicht mehr lesen. Ich kann Musik hören, aber nur, wenn ich sie sehr laut stelle. Ich höre Simon & Garfunkel, mein Plattenspieler knackt ein wenig, aber es macht nichts, weil das Knacken und die Musik einen neuen Raum bilden, einen Raum nur für mich, ein Versteck aus fremden Stimmen, Knacken und Klang. Es schließt meine Großmutter aus. Aber nicht lange. Sie klopft nicht an die Tür und steht plötzlich einfach im Zimmer. Sie trägt ein Kostüm, das perfekt sitzt und ihr gut steht, sie trägt die schwarze Handtasche, sie riecht nach Haarspray. Sie hat sich schön gemacht für den lieben Gott. Sie sagt, dass sie jetzt in die Kirche geht. Ich nicke. Es ist gut, wenn sie in die Kirche geht, weil ich dann die Musik wieder ausmachen kann, das Dachfenster öffnen und die Vögel hören. Hau ab, will ich sagen. Aber das kann ich nicht. Sie schaut mich durchdringend an. Sie schaut so, als sei schon mein Sitzen auf dem Bett ein Geheimnis und als sei unter dem Bett das noch größere Geheimnis verborgen. Ich bin ein Geheimnis. Dabei bin ich einfach nur vierzehn Jahre alt und will meine Ruhe haben.

Also i gang jetzt, sagt sie, und als ich nichts sage, geht sie nicht. Sie steht in der Tür, macht keinen Schritt auf mich zu und keinen zurück.

Ich sage, warum hängen eigentlich plötzlich drei Kleider von dir in meinem Schrank?

Sie zuckt nicht einmal mit den Schultern.

Bis nochher, sagt sie.

Und es klingt für mich wie eine Drohung.

Sie soll die Kleider wieder aus meinem Schrank nehmen, sage ich zu meiner Mutter. Das macht sie doch nur, damit sie einen Grund hat, in meinen Sachen zu wühlen, sage ich.

Ich werde nicht beschützt. Ich weiß, dass meine Mutter froh ist, dass die Neugier meiner Großmutter nicht nur ihr gilt und sich besser verteilt, wenn meine Großmutter auch mich überwacht. Meine Mutter wird nichts zu ihr sagen.

Ich wollte von meiner Großmutter nicht mehr berührt werden. Nicht einmal die Hand konnte ich ihr geben ohne große Mühe, weil ich das Gefühl hatte, sie würde sie nie mehr loslassen. Sie hält mich im Klammergriff, sie frisst mich auf, wie der Wolf das Rotkäppchen. Sie wird mich werden lassen wie sie selbst, sie wird alles tun, damit es keinen Unterschied mehr gibt zwischen ihrer Angst und meiner Angst, zwischen ihren Gebeten und meinen, zwischen ihrer Sorge, ich könnte etwas mit Männern zu tun haben, und meiner, ich könnte von einem Jungen schwanger werden, ohne mit ihm zu schlafen. Nur vom Küssen, nur weil ich etwas mit einem Jungen zu tun habe. Ich will nichts mehr mit meiner Großmutter zu tun haben. Dabei brauche ich sie oft dringend. Der Alpträume, der Magenkrämpfe, der Angst in der Nacht wegen, in der meine Hände riesige Dimensionen annehmen und zu ungeheuren Fremdkörpern werden. Aber ich will nichts mehr mit ihr zu tun haben.

Sie sitzen sich am Tisch gegenüber. Meine Mutter und meine Großmutter. Immer wenn mein Vater nicht da ist, gilt diese Ordnung. Sie sitzen sich also jeden Nachmittag zum Kaffee gegenüber, seit meine Großmutter nicht mehr arbeiten geht. Ich weiß nicht, warum sie zusammen Kaffee trinken. Sie sitzen nicht gerne zusammen am Tisch. Aber sie tun es. Jeden Nachmittag. Ich werde auch zum Kaffee gerufen und setze mich auf den Platz neben meiner Mutter. Es ist mein Platz. Immer. Es gibt süße Stückchen, es gibt Nussschnecken und Berliner. Es gibt Granatsplitter. Das sind Kalorienbomben mit einem noch martialischeren Namen, über den sich anscheinend nie jemand Gedanken gemacht hat: ein spitzer Nougat-Hügel und darum herum viel Schokolade. Eine Zeitlang ist das meine Lieblingssüßigkeit. Es gibt zum ersten Mal eine süße Brezel aus Blätterteig oder so ähnlich, sie wird geteilt.

Meine Mutter nimmt die eine Hälfte, meine Großmutter die andere.

Schmeckt gut, sagt sie.

Meine Mutter sagt nichts. Sie kaut, nimmt einen Schluck Kaffee, dann fragt sie: Hast du Englisch gelernt?

Ich nicke.

Genug?

Meine Großmutter sagt: Sie hört nur Musik.

Ich sage: Ja, englische Musik.

Meine Mutter sagt: Aber da lernt man doch nichts.

Da lernt man mehr, als du denkst.

Das sehe ich schon kommen, sie schreibt wieder einen Vierer, sagt meine Großmutter.

Woher willst du denn das wissen?, frage ich.

Wenn's nicht noch schlimmer kommt, sagt meine Großmutter.

Woher willst du das wissen?

Ich hab's doch gesehen, sagt meine Großmutter.

Wo, frage ich. Ich trage meine Schultasche doch extra gleich nach den Hausaufgaben nach unten und stelle sie an die Garderobe zu den anderen Taschen, weil ich nicht will, dass meine Großmutter darin wühlt. Es stimmt, dass ich eine Vier minus geschrieben habe. Ich werde ab sofort bessere Noten schreiben, weil ich englische Musik höre, das weiß ich.

Niemand sagt mehr etwas am Tisch, bis meine Mutter meint, dass man noch gießen muss am Abend.

Dass sie doch gestern erst gegossen habe, sagt meine Großmutter.

Ich stehe auf, nehme meine Tasse und meinen Teller und stelle ihn in die Küche neben die Spülmaschine.

Als ich oben in meinem Zimmer ankomme, mache ich den Plattenspieler an. Ich übersetze Liedtexte ins Deutsche. Ich weine, als ich »The Boxer« höre. Ich weiß nicht, ob des Textes oder der Musik wegen oder weil mir einfach zum Weinen ist.

Wieder bemerke ich nicht, dass meine Großmutter schon im Zimmer steht.

Sie sagt nichts und schaut nur.

Ich schaue sie nicht an, ich sitze über meinen Block gebeugt, die Tränen lassen die Tintenschrift zerfließen und ich will nicht, dass meine Großmutter das sieht.

Sie steht neben mir und schaut auf mich und mein Heft herunter. Ich nehme den Tintenkiller in die Hand und streiche mit ihm über die zerlaufene Schrift. I kill you, sage ich leise. Ich erschrecke. Ich höre sie atmen, ich spüre ihren Blick auf meinem Kopf. Ich sehe aus den Augenwinkeln, wie ihre Hand in die Schürzentasche wandert. Dann geht meine Großmutter wieder, ohne die Türe hinter sich zu schließen. Ich bete. Ich bete, bis ich sicher bin, dass sie nicht stirbt an meinen Worten. Zehn Vaterunser, fünf Ave-Maria, fehlerlos.

Wir sind jetzt jeweils beides, meine Großmutter und ich: Beobachterin und Beobachtete.

Um mich vor den Augen und Ohren, vor der Kontrolle und dem lieben Gott meiner Großmutter, der alles sieht, zu schützen, beobachte ich sie so, als könnte mir jeden Moment etwas durch sie geschehen. Auch in ihrer Abwesenheit beobachte ich sie, als sei sie bereits anwesend, ich beobachte vorausschauend, indem ich mich selbst genau kontrolliere, ich wähle aus, was ich erzählen werde, wenn sie da ist, und was ich nicht erzählen werde, was ich in meinem Zimmer stehen lasse und was ich verstecke, und was ich anziehe, um sie nicht misstrauisch zu machen. Ich entwickle Strategien, sie und ihre Neugier zu befriedigen, ich lege Köder, um mich frei zu machen. Es gelingt kaum. Meine Großmutter gelangt in jede Ritze meines Lebens, als erfahre sie darin sich selbst.

Das weiß sie noch, meine Mutter.

Sie waren unter dem Bett und hinter der Eckbank und im Schrank und es roch im Haus. Es roch, wie die Mutter roch. Und es roch, wenn man den Deckel von der Flasche abschraubte, und klar sah es aus wie Wasser. Und es roch scharf und war Flüssigkeit, die meine Mutter als Kind schon gehasst hatte und später auch, und wenn sie braun war, hasste sie sie besonders. Es war Schnaps. Und der Schnaps war nie leer, es gab Schnaps wie im Schlaraffenland, Schnaps war wie süßer Brei aus dem Märchen und floss, selbst wenn das Geld knapp war. Im ganzen Haus gab es Schnaps, der roch meistens nach Zwetschge. Das soll aufhören, das sagte auch der Großvater, und das Mädchen, das meine Mutter war, wusste, dass die Mutter nicht aufhören würde. Nicht einfach so. Warum aufhören? Was gab es Besseres, wenn man ein Polackenkind großzog, wenn man den Bastard sieht und unentwegt daran erinnert wird, dass es nicht hätte sein sollen. Dann trinkt man Schnaps und dann sieht man das nicht mehr so klar, oder man sieht es anders. Aber eigentlich war es dem Mädchen egal, warum die Mutter trank, es war ohne Bedeutung für das Mädchen, weil es nur hieß, dass die Mutter nicht mehr ansprechbar war und lallte und sie zum Nachbarn zum Putzen schickte, damit wieder Schnaps ins Haus kam, soviel sie brauchte. Und später, später hat sie gewusst, wenn sie die Mutter in ihrem alten Haus mit dem Schnaps sitzen lassen würde, wäre es ganz zu spät. Und mit dem kranken Bein. Dann wäre es für immer zu spät. Und sie weiß noch, dass es warm nur dort war, wo die Tiere waren und der Großvater und der Spitz, der ein ganz besonderer Hund war, einer, der immer in ihrer Nähe war, der alles Schlimme schöner machte. Sie erinnert sich noch ganz genau an den Tag, an dem der Spitz starb und plötzlich nichts mehr da war, was schön war. Wie der Geruch nach Schnaps groß und größer wurde, weil es keinen Geruch mehr gab nach Hund. Wie der Großvater sie trösten wollte und es nicht konnte und wie sich alles wiederholte, als der Großvater starb. Wie regungslos die Mutter das ließ. Wie es war, als niemand mehr mit ihr sprach, niemand mehr mit ihr lachte.

Sie musste bleiben. Weil es ein Geheimnis gab. Im Geheimnis steckte das Glück und die Freude und das Versprechen, dass alles besser werden könnte, wenn es gelüftet wäre. Wenn der, von dem sie nicht einmal den Namen wusste, ein Gesicht bekäme, eine Stimme. Wenn aus nichts ein Mensch würde. Ihr Vater. Deshalb musste sie bleiben, und sie blieb. Und deshalb konnte sie die Mutter nicht alleine lassen mit ihrem Schnaps in ihrem Haus. Einen anderen Grund gab es nicht.

Draußen der aufgehende volle Mond über den Bergen und darin die Körper der Tiere auf den Weiden, die Kühe; der Fuchs, der in ruhiger Bewegung von Feld zu Feld die Straße überquert, und wie der Schimmer des Mondes sein Fell streichelt. Und wie die Kühe zum Licht am Himmel schauen, ihre Silhouetten der gelben großen Kugel zugewandt. Die Stille der Kühe, wenn sich die Landschaft vom Mond erhellt, und wie du wieder einmal verstehst, dass Stille kein Schweigen ist. Und du willst verharren in diesem Licht, in dieser geräuschlosen Schönheit, in diesem Gefühl, dass man in einem sprachlosen Dasein leben kann; wie die Tiere es vorführen in ihrem Innehalten oder den sicheren Bewegungen, die kaum ein Geräusch machen, und wenn sie es tun, ist das schön. Wie es hingegen ist, wenn durchs Schweigen hindurch Geräusche dringen, wie bedrohlich ein menschliches Räuspern klingt aus dem Schweigen heraus oder in es hinein.

Wir sprechen nicht darüber, dass ich sie regelmäßig um Ein- und Zwei- und Fünfmarkstücke bringe. Würden wir darüber sprechen, müsste sie zugeben, dass sie meine Bravohefte entwendet und mein Tagebuch aufspürt, ganz gleich, wo ich es verstecke. Ich würde ihr sagen: Genau dafür bezahlst du, und dass du meine Briefe liest, meine kleinen Zettelchen, die ich mit Jörn oder welchem Jungen auch immer in der Schule unter dem Tisch austausche; dafür, dass du meine blutigen Bettlaken entfernst, die dich genauso wenig angehen wie meine Hosentaschen und mein Schrank.

Wir haben keine Übereinkunft, meine Großmutter und ich, alles regelt sich von selbst.

Woher man stammt und ob es von Bedeutung ist, dass man das weiß? Das ist mir doch egal, sagt meine Mutter später. Ihre Verweigerung, als einmal jemand anrief aus einer Klinik: Ihr Vater liegt bei uns und möchte Sie noch einmal sprechen.

Nein, sagte meine Mutter, das kann nicht sein, und sie legte auf; weil sie sich das nicht vorstellen konnte, dass nach fünfundvierzig Jahren plötzlich einer auftaucht, der sagt: Es gibt mich aber. Weil sie sich das vielleicht auch nicht mehr vorstellen wollte. Und bis heute frage ich mich, wo war die Hoffnung in diesem Moment geblieben, dass es einen geben könnte, der ist wie sie selbst, und der vielleicht besser ist als die Mutter. Der bessere Mensch. Oder sagte sie es aus Angst vor der Wirklichkeit? Oder warum bloß das entschiedene »Nein, das kann nicht sein«. Vielleicht hat aber einfach die lebenslange Entbehrung die Hoffnung aufgefressen. Heute sagt sie, da war noch so eine Unklarheit am Telefon, die sie hat sicher sein lassen, dass das nicht stimmen könne.

Wir haben das Jahr 1992, als das geschieht. Ein Hörer, der aufgelegt ist, kann nicht wieder aufgenommen werden. Ein Telefon ist noch so ein Ding mit Wählscheibe und man sieht nicht, wer anruft, und aufgelegt ist aufgelegt. Erst Wochen später hat sie überhaupt davon erzählt.

Meine Mutter, wie sie sagt, dass es nicht schlimm sei, weil sie damit abgeschlossen habe. Ich habe nicht damit abgeschlossen, weil die Fragen nicht enden: Woher die Haare, die Augen, die Statur, die meiner Mutter und später auch meine? Die Angst meiner Mutter, etwas ihr Unheimliches herauszufinden, »Zigeuner«, die ihr die Hand lesen wollen, und sie denkt, er stünde in der Hand, der Vater. Oder dass sie es tun wollen, weil der Vater selbst so einer war. So ein »Zigeuner«. Und wie sie sich vor allem wirklich Fremden, Anderen zurückzieht und es doch immerzu lobt. Das Anderssein sogar verteidigt. Und wie sie mir eine schwarze Puppe schenkt. Es ist ein Junge, den ich Bubi nenne, wie meinen liebsten Freund aus dem Sandkasten. In meinen Phantasien wird der Puppenbubi sein Zwilling und ich liebe ihn, weil er anders ist und doch so ein Kind wie ich.

Paula kann keine alte Frau sein, kann zu dieser Zeit nicht einmal eine Frau in den mittleren Jahren sein. Aber sie ist die verhärmte alte Frau auf der Fotografie neben der großen, krumm-, aber langbeinigen jungen Frau mit dem kleinen Kind auf dem Arm, die eine Schürze trägt, wie es meine Großmutter ausnahmsweise einmal nicht tut. Ich kenne die andere Frau nicht. Ich habe keine Ahnung, wer der Junge mit der akkurat gearbeiteten Frisur und in Bundfaltenhose und Hemd ist, der so strahlt, als stünde er mit dem größten Idol seiner Zeit auf einer wirklich bedeutenden Bühne.

Auch die alte Frau, die keine alte Frau sein kann und sich gerade mit den Händen die brave weiße Bluse im dunklen langen Faltenrock zurechtzupft, lächelt. Doch obwohl sie diese Freude im ausgezehrten Gesicht trägt, sieht sie schlecht aus, so schlecht, wie alle Alkoholiker aussehen, wenn in ihrem Leben der Alkohol zum Mittelpunkt geworden ist, wenn es nichts anderes mehr gibt als das verzweifelte Glück, trinken zu können. Und ich sehe die weiße Strähne im zurückgebundenen Haar, jene Strähne, die ich von meiner Großmutter geerbt habe, die mir bereits mit Anfang zwanzig wuchs und wie eine weiße Welle unter meinen schwarzen Haaren ruhte.

Als ich ein weiteres Foto aus derselben Serie finde, verstehe ich, es sind Fotos von der Kommunionfeier meiner Mutter. Meine Großmutter ist etwa vierzig Jahre alt. Meine Mutter in ihrem weißen Kommunionkleidchen sieht aus wie die Prinzessin eines fernen Königreichs.

Als ich auf der Welt bin und so alt, dass ich mich für Menschen und ihre Zähne interessiere, trägt meine Großmutter bereits ein Gebiss. Sie hat sich durchs Trinken um die Zähne gebracht. Jetzt ist sie keine Trinkerin mehr. Manchmal nimmt sie einen Schluck Klosterfrau zu sich und manchmal, später, trinkt sie ein Glas Bier zum Essen. Ich erinnere mich nicht, sie jemals betrunken erlebt zu haben. Auf den Fotografien, auf denen sie mich als Baby auf dem Arm trägt, sieht sie drall und gut und gesund aus. Meine Eltern haben sie vor sich selbst gerettet.

Deine Mutter leidet, sagt Tante Marie, aber sie sagt nichts. Die ist hart im Nehmen. War sie schon als Kind. Wenn alle diese schrecklichen Namen gerufen haben.

Was für Namen?

Das kann man gar nicht mehr sagen, sagt Tante Marie.

Was hat Oma Schlimmes gemacht, dass sie das nicht erzählen kann?

Paula hat gar nichts Schlimmes gemacht, sagt Marie sofort. Und wenn es so gewesen wäre, dann wüsste ich es nicht. Ich jedenfalls weiß nichts Schlimmes. Ja, später dann, als sie angefangen hat zu trinken. Aber sie hat niemandem etwas zuleide getan. Das kann ich dir sagen.

Sie hat Mama zu diesem Mann zum Putzen geschickt.

Der hat ihr nichts getan. Der war halt auch alleine. Hat halt niemanden gehabt, er war verbittert vom Leben. Ein Griesgram. Sonst gar nichts. Aber sie musste da ja nicht ewig hin.

Sie hat nicht mal das Geld behalten dürfen.

Was denkst du? Wer hat damals schon Geld für sich gehabt. Für was hätte sie es auch gebraucht. Es hat doch nichts gegeben auf dem Dorf.

Was Kinder so wollen: Brausestäbchen oder Lutscher.

Deine Oma war so arm, dass es kein Geld gegeben hat für so was.

Aber meine Mutter hat geputzt und Oma hat das Geld versoffen.

Das ist doch was anderes. Sie war unglücklich. Paula, das kannst du dir gar nicht vorstellen, sie war der unglücklichste Mensch eine Zeitlang.

Und dann?

Dann auch noch. Und dann das mit ihrem Fuß.

Bein.

Mit ihrem kranken Fuß, das weißt du ja, dass sie so schlecht laufen kann.

Aber als sie noch gearbeitet hat, war's besser.

Weil sie unter Leute kam. Auch wenn sie nicht viel redet. Man hat sie gekannt in der Stadt. Beim Arbeiten.

Und jetzt.

Das weißt du doch, wie es jetzt ist. Sie geht zum Alten-nachmittag. Wenn man alleine ist, ist das richtig.

Oma ist nicht allein.

Natürlich ist sie allein. Nicht ganz allein, aber allein schon.

Marie steht auf und geht zu Gustl hinüber, der am Tisch sitzt und Zeitung liest. Seit kurzer Zeit wohnen sie ganz in unserer Nähe. Aber ich glaube nicht, dass Marie und Paula sich jetzt mehr sehen. Sie haben denselben Kirchweg, den Marie aber nur halb so oft nimmt wie Paula.

Man kann ihr nicht helfen, sagt Gustl. Das muss sie schon selbst tun.

Das meine ich auch, sagt Marie. Bei deiner Mutter ist es was anderes.

Warum ist es bei ihr was anderes?

Sie hat euch. Und deinen Vater.

Dann könnte sie ja öfter gute Laune haben.

Sie kann halt auch nicht aus ihrer Haut. Sie hat es nicht leicht mit ihrer Mutter. Es ist gut, dass sie jetzt wieder ein bisschen arbeitet. Da hat sie Ablenkung.

Und Paula kann ja putzen und kochen, sagt Gustl. Das kann sie ja.

Das ist klar, sagt Tante Marie. Und wir nehmen sie ja immer mit ins Montafon. Und das tun wir gern. Mir drei alte Leit, mir kennet des gut miteinander, sagt sie, was so viel heißt wie das geht schon.

Dann hält sie inne.

In denne drei Wocha, sagt sie.

Manchmal vermischt sich die Erinnerung »so war es« mit dem nachgetragenen Wunsch: So hätte ein gutes Gespräch verlaufen können.

Und du siehst den Mond als Sichel über dem Wald. Du hörst die Tiere des Waldes, die Waldohreulen, die Wildtauben und die Käuzchen, und unter dem Dach des Hauses, in dem du, wann immer du willst, nun wohnst, hörst du das Brummen des Hornissenstamms und das merkwürdige Quieken der Siebenschläferfamilie. Du hörst Tiere in der Dämmerung vom Wald aus auf das Hausdach springen und du hörst sie herumhuschen, du hörst sie rennen zwischen den Holzbalken in der Nacht. Du hörst sie nagen. Du hörst sie unter dem Dach die Isolierung hinabrutschen. Du denkst, dass sie spielen. Du hörst sie sogar sprechen, wenn du ihr Quieken und Schreien als Sprache verstehst, und das tust du. Und in der Stille der Nacht, die in diesem Haus herrscht, sind ihre Geräusche dennoch laut. Und obwohl sie deinen Schlaf stören, sind es die besseren Geräusche als jene, die aus der Stummheit kommen, als die Verselbstständigung der Wörter im Schweigen, in der Sprachlosigkeit, in der Erwartung, dass jemand das Richtige sagt. Das, worauf es ankommt, das, was längst hätte gesagt werden müssen; oder sogar das, was noch gar nie da war und als Wort, als Satz, irgendwoher kommt und genau das ist, was gefehlt hat bis jetzt. Du hast ein sprechendes Haus bezogen, eines, das aus der Stille heraus redet und in sie hinein.

Dass es ihr wirklich völlig egal sei. Dass sie jetzt so lange auf der Welt sei, ohne dass ihr jemand verraten habe, wer ihr Vater sei, sagt meine Mutter. Irgendwann will man es einfach lassen, wie es ist. Sie wolle nicht mehr darüber nachdenken, sagt sie. Sie steht auf, zündet sich eine Zigarette an, geht ins Bad, öffnet das Fenster und bläst den Rauch hinaus. Ich setze mich auf den Badewannenrand. Wenn man immer dafür gehänselt wird, wenn die anderen einen immer aufziehen damit, wenn sie dich in den Bach werfen und »Ersauf doch« rufen, weil sie wissen, dass du nicht schwimmen kannst, und sie dir den Kopf unter Wasser drücken, wie den Kätzchen, und dich erst loslassen, wenn du bereit bist, selbst zu sagen, dass du ein Bastard bist und was alles noch, dann bist du bestraft. Sie spricht laut und nur manchmal dreht sie sich zu mir um, während sie Rauch zum Fenster hinausstößt. Natürlich denkst du, dass du es einmal, später, besser machen wirst. Es wird über alles geredet bei uns, sagt sie. Ich will, dass man redet.

Ich laufe ihr oft nach ins Bad, weil sie beim Rauchen da bleibt, wo sie ist. Sie läuft dann nicht weg. Sonst läuft sie mir oft weg, wenn ich mit ihr reden will.

Es ist mir egal, jetzt. Ich habe damit abgeschlossen, sagt sie.

Ich höre, wie sich die Wohnungstür öffnet.

Sie schüttelt den Kopf. Schon wieder, sagt sie. Dass die nicht einmal zwei Stunden da oben bleiben kann.

Ich höre die Strumpfhosenschenkel meiner Großmutter näher kommen. Dann steht sie in der Badezimmertür.

So, sagt sie. Sie sagt es fragend, sie sagt es immer gleich.

Meine Mutter bläst Rauch zum Fenster hinaus.

Ich sage nichts.

Was tut ihr?, fragt sie.

Das siehst du doch, sagt meine Mutter.

Dass sie nur hat fragen wollen, ob meine Mutter sie zur Fußpflegerin fährt, nachher.

Warum kannst du nicht laufen?, fragt meine Mutter.

Mir ist es heute nicht so, sagt meine Großmutter.

Wann?, fragt meine Mutter.

In einer Stunde, sagt meine Großmutter.

Von mir aus, sagt meine Mutter.

Ich sage nichts, obwohl ich gerne etwas sagen würde gegen diese Kälte, aber ich werde vollkommen still. Als verlöre ich meine Stimme. Ich denke, dass ich wegmuss. Dass ich das nicht mehr aushalte, wenn sie so sprechen. Ich bin siebzehn und ich stehe auf und sage, dass ich nachher mit dem Bus in die Stadt fahre, Bücher ausleihen. Ich weiß, es geht mir nicht gut, wenn ich jetzt weggehe, aber es geht mir auch nicht gut, wenn ich hier bleibe. Es geht mir besser, wenn ich in der Stadt herumstreife und nach Büchern suche, die ich lesen möchte. Und wenn ich schaue, ob ich Charlie oder sonst wen treffe. Es geht mir besser, wenn ich lese, weil ich dann nicht darüber nachdenken kann, was hier gesagt wird und was nicht.

Meine Mutter sagt: Du warst doch erst in der Bücherei.

Trotzdem, sage ich. Ich kann nur heute, morgen habe ich Training.

Immer rumtreiben, sagt meine Großmutter.

Halt du dich da raus, sage ich.

Sie senkt den Kopf. Also, sagt sie, dann komm ich in einer Stunde wieder runter, sagt meine Großmutter.

Meine Mutter nickt.

Meine Großmutter bleibt noch einen Augenblick stehen. Sie möchte sagen, dass sie es nicht verdient hat, dass man so mit ihr umgeht. Sie kümmert sich um alles. Ich weiß, dass sie das sagen will, und gewissermaßen hat sie recht. Aber sie hat es noch nie gesagt.

Also, sagt sie jetzt nur, ohne meine Mutter und mich anzuschauen. Sie steckt die Hand in die Schürzentasche, aber ich sehe, dass sie leer ist. Sie hat den Rosenkranz auf ihrem Sofa unter dem Kissen liegen. Er betet in ihrer Abwesenheit weiter. Das weiß nur ich.

Also, sagt meine Großmutter noch einmal, die Hand weiter in der Schürzentasche, und bleibt stehen. Vielleicht weil sie noch etwas hören will, etwas Gutes.

Bis später, Oma, sage ich.

Kommst du nicht mehr rauf, bevor du gehst?, sagt sie.

Doch, sage ich.

Sie dreht sich um.

Das hat mir gerade noch gefehlt, sagt meine Mutter, als sie meine Großmutter auf der Treppe hinauf in die Wohnung gehen hört. Ich wollte heute nicht mehr aus dem Haus.

Aber wenn es ihr nicht so gutgeht, sage ich.

Sie sagt ja nicht, was los ist, sagt meine Mutter. Da fragt man sie, was der Arzt sagt, was bei der Darmspiegelung herausgekommen ist, und sie sagt, abwarten. Abwarten, abwarten, sagt meine Mutter.

Ich muss mir noch einen Pulli holen, sage ich.

Hast du wirklich schon alles ausgelesen, sagt meine Mutter.

Ja, sage ich. Alles.

Ich hätte sagen können, ich nehme kein Bestechungsgeld.

Aber ich habe es nicht gesagt, kein einziges Mal. Ich habe es immer als Entschädigungszahlung betrachtet, für all das, was sie mir gestohlen hat: meinen Raum, meine Geheimnisse, meine Musik, meine Fröhlichkeit, meine Privatsphäre, die Möglichkeit, mich selbst zu befriedigen, ohne dabei entdeckt zu werden, einen Jungen mit nach Hause und in mein Zimmer zu bringen, ohne dass sie vor der Tür steht und lauscht oder ich damit rechnen muss, dass sie, ohne anzuklopfen, hereinkommt. Abschließen ist verboten. Meine Großmutter gibt mir das Geld immer, nachdem ihre Tochter unfreundlich zu ihr war und ich auch nichts Freundliches gesagt habe in der Anwesenheit der beiden. Es ist mir unmöglich, das zu tun: Ich kann mich nicht zwischen meine Mutter und meine Großmutter stellen. Es ist mir aber auch nicht möglich, das zu äußern. Ich stehe in ihrem Zimmer und stecke das Geld in die Hosentasche meiner Jeans. Es fehlt mir nicht mehr viel, bis ich die Schuhe kaufen kann, die ich haben möchte. Bei der sechstobersten Stufe halte ich an. Ich muss von hier nach unten springen, damit nichts passiert. Damit ich nicht schwanger bin, und wenn ich schwanger wäre, würde das Kind schon aus mir herausfallen. Ich habe noch nie mit einem Jungen geschlafen, aber ich habe geträumt, ich sei schwanger, und es war, als sei ich es wirklich. Ich will nicht schwanger sein. Deshalb esse ich seit ein paar Wochen auch weniger, dann bekommt das Kind keine Nahrung und kann nicht wachsen. Ich weiß, dass das ziemlich verrückt klingt, deshalb erzähle ich es auch niemandem, aber ich kann auch nichts dagegen tun, dass ich es denke. Ich denke es die ganze Zeit, und wenn es ganz schlimm wird, dann bete ich, dass es nicht stimmt. Es wird oft ganz schlimm.

Tschüss, rufe ich in die Wohnung meiner Eltern hinein.

Komm nicht so spät, ruft meine Mutter.

Ich spare für dänische Schuhe, sie heißen Danske Loppen. Meine Freundinnen tragen sie auch. Auch Charlie, den ich verehre, weil er wie ein Independent-Rockstar ausschaut, trägt sie. Sie sind teuer und es gibt sie nur in einem Laden, der mein Lieblingsladen ist. Der Sohn und die Tochter der Besitzer gehen in meine Schule. Sie sind so blond wie Dänen. Sie tragen die Schuhe auch. Stef trägt sie und weiß der Teufel wer noch. Man trägt Adidas Samba oder Danske Loppen. Was anderes geht nicht. Ich beneide die Kinder der Besitzer des schönen Ladens, weil ich mir ausmale, dass sie bestimmt genau so ein schönes Zuhause haben. Ein helles heiteres Zuhause. Sie haben bestimmt keine Großmutter dort sitzen. Ich beneide alle Freundinnen und Freunde, bei denen es zu Hause laut und fröhlich ist, die ein Zimmer für sich alleine haben, in das nicht immerzu jemand eindringt, höchstens ihre Mutter. Das erscheint mir leichter zu ertragen.

Würde meine Großmutter noch leben, würde sie vielleicht sagen, das war alles nicht so mit uns, wie du es erzählst; ich bin sicher, meine Wahrnehmung stimmt nicht mit der meiner Großmutter überein; sie stimmt auch sicher nur teilweise mit der meiner Mutter überein, ganz sicher nicht mit der meines Vaters, weil er entweder sechzig Stunden in der Woche gearbeitet hat oder auf Geschäftsreise war. Mein Vater war ein Sonntagsvater. Mein Bruder stand weder unter dem besonderen Schutz noch unter besonderer Beobachtung meiner Großmutter, außerdem hatte er sein Zimmer im Stockwerk meiner Eltern. Später, als ich aus dem Haus war, zog er freiwillig nach oben ins Stockwerk meiner Großmutter. Dass er Mädchen mitbrachte, gefiel meiner Großmutter nicht besonders gut, aber es führte eher dazu, dass sie sich zurückzog, als dass sie ihm auf den Leib rückte. Mein Bruder und ich hatten eine komplett unterschiedliche Kindheit. Wir hatten andere Eltern. Jedenfalls war ihr Verhältnis zu uns und unser Verhältnis zu ihnen vollkommen verschieden. Es ist bis heute so. Und obwohl ich das weiß, gerate ich, wenn ich darüber nachdenke, ins Zaudern, ins Zögern, frage mich, ob ich das darf, diese Erzählung so schreiben, wie ich sie schreibe. Ich versuche das real Erlebte beim Schreiben neu zu erfinden. Denn die Erinnerung ist unstet, manchmal wirft sie mit Bildern um sich, manchmal fallen mir Ereignisse ein, Momente, denen ich mich wie mit einem Zoom nähere. Ich kenne ihre Mitte und erschreibe mir alles, was mich dorthin führt, es ist, als ginge ich den Weg der Katze, die sich ihre Umgebung mehr und mehr erschließt, bis sie ein Revier hat. Ich erschreibe mir mein Revier. Darin sammle ich, jage ich, gehe ich auf die Pirsch und manchmal schieße ich.

Wenn sich an Feiertagen der enge Kreis unserer Familie erweiterte und meine Großmutter zwischen den Brüdern meines Vaters, deren Ehefrauen und meinen Cousinen und Cousins saß, war es, als bestünde sie nur noch aus Scham.

Wenn sie die Mutter meines Vaters, meine andere Oma, erlebte, eine Dame, wie sie selbst im Kostüm, aber majestätisch, als sei sie die Königin von England, die am oberen langen Tischende ihres Wohnzimmers die Familie empfing, am oberen Tischende residierte, Hof hielt, die Stimme erhob und alle begrüßte, die Sitzplätze zuteilte, rege Anteilnahme am Leben ihrer Kinder zeigte und die Schulnoten ihrer Enkel abfragte, wurde sie immer kleiner. Wenn sich das Lachen von Oma Maria zu Falten um die Augen kränzte, dann versank meine Oma Paula neben all dieser weiblichen Kraft, Neugier, Güte und Verantwortung, aber auch herrischen Autorität vollkommen in sich selbst. Die Augen auf ihre dicken Knie gerichtet, die Handtasche, worin der Rosenkranz lag, direkt an ihren Füßen, beobachtete sie nicht einmal, was am Tisch geschah, und man konnte nicht wissen, hörte sie zu oder war sie in einer anderen Welt, betete sie? Ich sah das und dachte, lieber Gott, lass mich einmal anders werden. Ich sah, wie die Frau, die meine Großmutter war, Löcher in ihre Knie starrte und schweigend etwas herumbewegte, wovon keiner wissen durfte, so wie niemand wissen sollte, dass in ihrer Tasche der Rosenkranz betete oder sie ihn, ohne dass sie die Perlen zwischen den Händen spürte. Und dennoch traute sich immer jemand, sie anzusprechen, meine Cousine oder eine meiner Tanten. Jemand erbarmte sich und fragte, wie es ihr gehe, und sie sagte, haja, gut. Und manchmal fiel ihr ein, dass sie sich ihrerseits nach dem Befinden des Fragenden erkundigen könnte. Und dir, sagte sie dann, und für einen Augenblick sah sie auf und ins Gesicht ihres Gegenübers, es war ein stiller, ein sanfter, ein vorsichtiger Blick, einer ohne Neugier und Erwartung, und dann wurde sie wieder still. Und versank in der Stille, in der Scham, die undurchdringbar schien und vor der man unwillkürlich zurückschreckte. Meine Großmutter wollte unter Menschen verschwinden. Wenn ich in meiner Erinnerung suche, gibt es nur sehr wenige Momente, in denen ich sie lachen sehe; ihr Lachen hatte keinen Ton, es war ein Schmunzeln durch geschlossene Lippen. Ihr Lachen hatte keine Stimme. Es war, als ob ihr Lachen sich verböte, als ob die Freude am Leben sich verböte, als ob sie sich so versündigt hätte an ihrem Gott, dass nur noch das Gebet half. Das dachte ich nicht damals, das denke ich heute. Vielleicht lachte sie, wenn sie auf einer ihrer Wallfahrten war, vielleicht gab es Orte, an denen sie lachte, das wünschte, hoffte ich damals, weil ich ihr ein besseres Leben gewünscht hätte als das bei uns, als das in einer Familie, in der sie nicht glücklich war, mit einer Tochter, die sie nicht lieben konnte, weil sie sie an etwas oder jemanden oder an eine Schmach, einen Fehltritt erinnerte, tagaus, tagein, und von der sie deshalb auch nicht geliebt wurde. Je älter ich wurde und je mehr ich unter ihr litt und je mehr ich sie zurückwies und sie doch liebte, wünschte ich ihr das: Menschen und Orte, an denen sie für einen Moment frei sein könnte. Vielleicht war solch ein Ort das Montafon. Diese Wochen mit Marie und Gustl.

Ich wollte so schnell wie möglich weg, so schnell wie möglich ein anderes Leben führen, sagt meine Mutter. Eine Lehre bedeutete eigenes Geld, das sie für Kleider ausgeben konnte, weil man gut angezogen sein musste, wenn man zur Arbeit ging. Sie lernte andere Menschen kennen, aus der

Stadt, nicht aus ihrem Dorf, Frauen, die ihr gefielen, endlich hatte sie Freundinnen, die emanzipiert genug waren, es nicht zu verurteilen, dass sie, meine Mutter, ein Kind ohne Vater und Vaternamen war. Dass die Freundinnen ihre Schönheit erkannten und diese fremdartige Schönheit zählte, das sagt sie nicht, aber das ist ganz klar. Ihre Traurigkeit und ihre gleichzeitige Anmut, ihr Stil erregten Aufmerksamkeit. Sie sagte, dadurch, dass sie plötzlich täglich in der Stadt war, habe sie die Möglichkeit gehabt, meinen Vater zu treffen, da war sie sechzehn. Als sie sich verliebte. Ein Glück, dass sie sich überhaupt verlieben konnte nach so viel Unliebe. Das sage ich. Dass sie seinen Vater kennenlernte, der sie sofort liebte, als sei sie seine eigene Tochter, den sie sofort liebte, als sei er ihr eigener Vater. Dass man als Bürogehilfin oder Sekretärin zwar nicht viel verdiente, aber doch genug, um zu Hause abzuliefern, was die Mutter brauchte, was sie und meine Großmutter brauchten zum Leben, aber weil das nicht viel war, konnte sie trotzdem Eis essen gehen mit Lili, die man vielleicht auch mit doppeltem L schreibt und die eine wichtige Person unserer Kindheit wurde. Der lustigste Mensch unserer Kindheit. Bei Lili und ihren Kindern herrschte ein anderes Leben als bei uns zu Hause. Es war leichter und heller, lauter und schriller als bei uns. Auch meine Mutter lachte dort so viel wie sonst nie. Sie wollte unbedingt heiraten, als sie achtzehn war, vielleicht auch, damit sie wegkam von dort, wo sie nie hatte sein wollen. Ihre Mutter dort zurückzulassen war jedoch unmöglich.

So sehr hat mein Vater meine Mutter schon damals geliebt, dass er sich darauf einließ, mitsamt ihrer alkoholkranken, seelenkranken stummen Mutter in die erste gemeinsame Wohnung zu ziehen.

1938 steht darauf, und ein Wort, das ich nicht entziffern kann. Der Rest der Beschriftung lautet wie immer *Foto Franz/Biberach*, mit der Nummer *B 000 545*. Aber es ist das Foto, das mich endlich und doch nur für einen Augenblick von der Frage erlöst, war dieser gutaussehende Mann, der auf so vielen Fotografien zu sehen ist, Karl Scheffold, der verbürgte Bräutigam meiner Großmutter? Der Mann im hellen Anzug, mit kurzem breitem Revers, Einstecktuch, dunkler Fliege und dunklen Schuhen hält meine Großmutter so untergehakt, wie man nur die Frau seines Lebens untergehakt hält, und zwischen Ringfinger und Daumen etwas, das der Ring sein könnte, das ziemlich sicher der Ring ist für die erste Versicherung des Bundes fürs Leben. Meine Großmutter im dunklen Wollkleid, mit Gürtel um die üppigen Hüften, auf den Schultern eine weiße schärpenartige Stola, steht ruhig und aufrecht neben diesem Mann, mit einer Selbstgewissheit, die ihr irgendwann später, nach dem Tod dieses Karl abhandengekommen sein muss. Genauso wie ihr Lachen, das durch eine Fotografie aus der gleichen Fotoserie hindurch so laut zu sein scheint, dass ich es höre, ein so frohes Lachen, das ich erstmals entdecke: meine Großmutter Paula und ihre beiden Schwestern mit Sträußchen von Schlüsselblumen, elegant, eleganter, als man das erwartet von einfachen Menschen auf dem Dorf. Einen vollkommen unbeschwerten Moment scheint dieses Foto festzuhalten. Einen, wie ich ihn meiner Großmutter immer gewünscht habe, einen, wie ich ihn mir für meine Großmutter nie hatte vorstellen können, auch rückblickend nicht. Dann fällt mir ein: 1938, da lebte auch jener Ludwig Schwende noch, den meine Großmutter in einem kleinen Etui hütete wie einen Schatz.

»Photographie ist platt, in jeder Bedeutung des Worts; das ist's, was ich hinnehmen muß«, schreibt Roland Barthes. Nur das ist offenkundig, was man sieht. Ich sehe meine Großmutter mit einem sehr attraktiven Mann glücklich. Mehr ist es nicht.

Mehr als jedes andere löst dieses Bild in mir die Frage aus, ob ich ihr, Paula, nun nähergekommen bin. Fotografien erzählen keine Geschichten, sie erzählen den Moment der Aufnahme, die kleine Flucht: So ist es in diesem Augenblick gewesen, das behaupten die Fotografien. Auf diesem Bild finde ich eine Frau, Paula, die einmal geliebt hat, eine Frau, die geliebt wurde, die gelacht hat, mit der gelacht wurde, eine Frau, die inmitten von Menschen froh sein konnte. Ich finde meine Großmutter, ich finde die junge Paula lebendig, und in der Freude darüber spüre ich zugleich die Größe des Unglücks, das dazu geführt haben muss, dass es anders wurde. Dass nichts von der Freude übrig war, als ich sie erlebte und unsere beiden Leben sich unheilvoll ineinander verschränkten.

Ich sitze an meinem Schreibtisch und schaue Bonanza, ich erinnere mich an die Momente kurz vor Bonanza, wie meine Großmutter und ich uns auf die neue Folge vorbereiten, wie ich bei der Rama-Werbung mitsinge und meine Großmutter die Hand in der Schürzentasche bewegt, wie immer, wenn es nicht gerade sehr spannend war bei Bonanza. Ich sitze an meinem Schreibtisch und habe allergrößte Mühe zu verstehen, was mir daran als Kind gefallen haben könnte.

Bonanza, dafür war ich zuerst zu klein, weil da geschossen wird und weil es um Frauen geht, und dann wurde ich Teil der Bonanza-Familie, zu der man bald gehörte, wenn man das regelmäßig sah.

Ich schaue irgendeine Folge, die ich auf Youtube finden kann, und der Mann, von dem ich glaube, dass es Ben Cartwright ist, sagt: Was hältst du von Mann gegen Mann? Ohne Waffen?, fragt der andere.

Okay. Dann leg ab. Das sagt wieder dieser Ben oder wer auch immer.

Und ich versuche weiterzuschauen, aber es ist, als könnte ich bei diesen Bildern nicht bleiben. Die Musik ist stärker, so stark rhythmisiert, dass ich noch heute, wo ich sie seit mindestens dreißig Jahren nicht mehr gehört habe, sofort neben meiner Großmutter auf dem beigefarbenen Sofa sitze, so nahe, dass ich sie haarscharf nicht berühre, und ich weiß nicht, was ich wirklich erlebt habe beim Bonanzaschauen. Ich erinnere mich immer wieder an die Hand meiner Großmutter, die sich in ihrer Schürzentasche bewegt, oder hinter ihrem Rücken im Sofa. Ich erinnere mich an das Beten ihrer Hände, den Rosenkranz als Tierchen in ihrer Tasche oder als ausgelagertes Körperteil, das es zu befriedigen galt. Ich erkenne Hoss und Little Joe und Ben Cartwright, ich erinnere mich an Hop Sing als meinen ersten Fernsehkoch, ich habe Zeichnungen der Ponderosa angefertigt, auch das weiß ich noch. Der Name der Ranch klingt für mich bis heute verheißungsvoll. Meine Großmutter hat die Sendung geliebt, sie hat womöglich von der ersten bis zur letzten Folge, die das deutsche Fernsehen ausstrahlte, alle gesehen. Ich saß neben ihr, weil ich keine Ahnung hatte, wo ich sonst hätte sitzen können, oder weil es vielleicht angenehmer war, neben ihr zu sitzen und Bonanza zu schauen, als schlechte Gedanken zu haben, die dazu führten, dass ich beten musste. Bei Bonanza war alles einfach, man betete auch, aber kam man vom richtigen Weg ab, wirklich oder metaphorisch, hatte man ziemlich schnell eine Kugel im Kopf.

Du weißt, Margeriten sind Blumen, die stinken. Schon immer war das so, aber du erinnerst dich, wie ihr Weiß die Großmutter verzaubert hat. Wie gerne sie diese weißen Blüten vor dem dunkelblauen Kostüm hergetragen hat bei der Fronleichnamsprozession, wie du neben ihr hergegangen bist mit einem ebenfalls weißen Körbchen voller bunter Blüten, die ihr am Tag zuvor gesammelt habt, wie du Blüten gespart hast, mehr die farbigen als die weißen, als endete die Prozession nie oder als ginge es um die süßesten Dinge der Welt. Wie ihr vor Altären gebetet habt, wie das Schweigen im Gebet und im Gehen leicht wurde. Wie du das geliebt hast. Wie dein kleiner Kinderschritt schon groß genug war, um mit dem kurzen Schritt der Großmutter im engen

Kostüm und mit dem kranken Bein mitzuhalten, wie das selbstverständlich war. Und wenn du dann diese Fotografie findest, ihr beide darauf in den Wiesen am Tag vor Fronleichnam, und wie dein eigener düsterer Blick dem der Großmutter in nichts nachsteht. Als sei das ansteckend. Und doch erkennst du in ihrem Gesicht noch einen anderen Ausdruck, eine Verbissenheit und Augen ohne Tiefe. Als müsste alles, was in diesem Großmutterkörper verborgen liegt, geschützt werden. Und du verstehst: Wenn sie die Hand so zur Faust legt, wie du es auf dieser Fotografie siehst, wird keiner wagen, das Schweigen zu brechen, und du willst das spüren, du ballst deine eigene Hand zur Faust und spürst: Wenn du die Hand zur Faust ballst, trägst du in der einen Hand den Strauß vor dir her und in der anderen die Wut. Wenn du die Faust aber löst, wenn du ihre Faust lösen könntest, einfach die Hand auffalten auf der Fotografie, dann wäre da noch immer Skepsis und Trauer in ihrem Gesicht, aber auch die Schönheit der weißen Blumen. Dass sie stinken, das verrät das Bild nicht. Die Wut auseinanderfalten, wenn das ginge.

Alles, was ich weiß, alles, was mir einfällt oder sich erschließt beim Betrachten der Fotos, der Erinnerungen, die ich an meine Großmutter Paula habe, schreibe ich auf, als würde aus Papier, Konzentration, Geduld und Analyse ein Mensch. Das macht mich zufrieden. Dass eine Bestandsaufnahme: was weiß ich, was kann ich mutmaßen und was habe ich selbst mit meiner Großmutter erlebt, einen Menschen aus ihr macht, für den ich ein gewisses Verständnis entwickle, vielleicht sogar Mitleid. Jedenfalls Empathie. Als Versuch. Das stimmt mich manchmal fast euphorisch. Das Rätsel des Schweigens meiner Großmutter löst sich dabei nicht, aber es löst sich das Rätsel des Banns, der sich als Schweigen in unsere Familie eingenistet hat.

Des Getue von de Fraua, wenn se schaffe müsset, sagt meine Großmutter. Frieher han immer alle gschaffet.

Aber Hitler wollte doch, dass die Frauen bei den Kindern bleiben.

Was der alles wella hot! Der hot doch koi Ahnung khet. Sie winkt mit einer Hand ab und ihre Lippen ziehen sich zusammen.

Viele fanden das doch gut, sage ich.

Weil der Ordnung gmacht hot, sagt sie. Aber au alles he gmacht. Au d'Leit.

Wie war das in eurem Dorf?

Sie winkt ab. Was moisch, des war halt wie überall.

Wie war's?

Es hot Sotige geba und Sotige.

Fand dein Bruder, der Karl, den Hitler gut?

Ah wa, der war halt wie alle Buba, wenn se so alt sind. Der hot doch no gar it verstanda, was des hoißt, wemer en Krieg muss.

Und dann?

Des woisch ja.

Und wie war das für dich in der Zeit, das Leben?

Musch du immer so viel froga!

Es gibt Bilder. Es gibt einen Geruch. Es gibt grauenvolle Momente selbst noch in der Erinnerung: Wie ich denke, dass ich verrückt werde, weil ich nicht mehr aufhören kann zu beten. Der liebe Gott sieht alles. Ich muss mich entschuldigen. Zwanzig Vaterunser. Fünfzig. Ich habe ihr den Vogel gezeigt, ich habe sie beschimpft. Heimlich. Noch einmal zwanzig. Ich werde sterben, wenn ich nicht bete. Ich kann nicht mehr aufhören. Mir ist schlecht. Ich bekomme bestimmt eine Blinddarmentzündung. Lieber Gott, mach, dass ich wieder aufwache! Ich schlafe ein.

Das Bild, das ich heute von ihr habe: wie sie auf dem Sofa sitzt, ihre Hand in der rechten Tasche der Schürze vergraben, und ich weiß, was sie tut. Ihre Hand ist hinter dem Blümchenstoff immerzu in Bewegung. Sie streichelt, sie massiert. Manchmal schlägt sie ein Kreuz, wenn sie glaubt, niemand sieht etwas. Wäre das eine Fotografie, man würde nicht sehen, dass sie betet.

Als sie tot ist, geht der Rosenkranz nicht in meinen Besitz über, er liegt nicht bei der Kommunionkerze und bei den geweihten Kerzen aus Altötting. Ich weiß nicht, wo er ist.

Mein Zimmer hat zwei Außenwände. Eine weitere Wand grenzt an das Bad und den Flur. Die andere grenzt an die Küche. Weil das Zimmer unter dem Dach liegt, bestimmt die Schräge die Gestaltungsmöglichkeiten. Vor der Tür meines

Zimmers, die ich nun immer zumache, höre ich meine Großmutter atmen, ich höre sie stehen, ich höre, wie ihre Füße sich auf dem Teppichboden leicht bewegen. Ich halte das nicht mehr aus. Ich beginne die Regale auszuräumen, nehme alle Bücher heraus, baue Stapel vor die Tür, bis das Regal leer ist. Ich mache es mit dem nächsten Regal auch so. Ich räume auch den Schrank aus, der zum Schreibtisch gehört. Ich verbarrikadiere die Tür. So kann es nicht bleiben, das weiß ich. Aber es erleichtert mich. Ich lege Musik auf, ich besitze inzwischen alle Platten von Simon & Garfunkel, ich habe meine Note verbessert in Englisch. Ich kann die meisten Texte auswendig. Ich liege auf dem Bett und höre »Bridge over troubled water«, als die Türklinke gedrückt wird. Nein, schreie ich ganz laut. Nein. Dann fallen die Bücherstapel ins Zimmer und alles Weitere auch. Ich liege nicht mehr auf dem Bett, ich spüre, wie mir die Tränen in die Augen schießen. Ich sage, kannst du mich nicht mal in Ruhe lassen.

Sie sagt, bist du jetzt übergeschnappt! Sie drückt ihren kräftigen Leib durch die Tür, dadurch fällt noch mehr um und ins Zimmer hinein. Wo zuvor eine geordnete Unordnung war, sieht es nun aus wie nach einem Erdbeben.

Weil ich sehe, dass das schlimm werden wird mit dem Aufräumen, weine ich. Und dann schreie ich, hau ab, hau ab. Sie schaut mich noch eine Weile an, das spüre ich, ich kenne ihr Gesicht, wenn sie so schaut, sie kneift die Lippen zusammen und hinter ihren Brillengläsern sind die Augen starr auf das gerichtet, was sie interessiert. Ich verstehe nicht, was an mir so interessant ist, dass sie täglich fünf Mal in meinem Zimmer stehen muss, wenn ich darin bin, dass sie täglich wahrscheinlich auch noch fünf Mal in meinem Zimmer steht, wenn ich nicht da bin. Ich will nicht mehr weinen. Ich höre, dass sie sich bewegt.

Das ist schon klar, dass das nicht so bleiben kann, sagt sie.

Das ist immerhin mein Zimmer, sage ich und schaue weiterhin auf meine Beine in den funkelnagelneuen Wrangler-Jeans.

Ich höre, dass sie hinausgeht, ich weiß, dass sie nun beten wird für mich, das macht nichts besser.

Sie macht die Tür nicht zu, wie immer. Sie lehnt sie nur an.

Ich stehe auf und schließe sie. Zum ersten Mal drehe ich den Schlüssel im Schloss. Ich bin allein.

Ich lege mich wieder aufs Bett und schaue auf das ganze Chaos. Es liegt dort meine riesige Schneiderbuchsammlung, meine Fünf-Freunde-Sammlung, es liegen dort die gelben Reclam-Bände, die bunten Suhrkamp-Taschenbücher, Hesse und Frisch, Walser und so weiter. Sie liegen unter und neben Schulbüchern, Heften, den Teddybären und Puppen, die auf dem Regal saßen, und Bubi, der sogenannten Negerpuppe, die ich noch immer habe (und bis heute besitze) und besonders liebe. Die getrockneten Rosen sind nun Brösel in diesem Haufen. Mein Gesangbuch mit dem Goldschnitt liegt mit aufgeschlagenen Seiten auf dem Boden und es tut mir leid. Obwohl mir zum Heulen ist, geht es mir auch gut, denn es ist das erste Mal, dass ich mich getraut habe, die Tür zu meinem Zimmer abzuschließen.

Ich liege auf dem Bett und jetzt weiß ich plötzlich genau, was ich machen möchte. Ich hebe den Tonarm des Plattenspielers und schalte meinen Kassettenrekorder ein. Ich höre

Ralph McTell, »Streets of London«, »how can you tell me you are lonely«, und drehe die Lautstärke auf, bis es scheppert. Ich kann den Song auswendig und ich singe mit, während ich die Matratze aus meinem Bett hebe, mein Bett der Schräge entlang durchs Zimmer an die andere Außenwand schiebe, dazwischen spule ich den Song zurück und höre ihn noch einmal. Ich höre, dass meine Großmutter an der Tür ist, sie rüttelt an der Klinke, sie ruft meinen Namen und dass ich die Musik leiser stellen soll, aber genau das mache ich jetzt nicht. Ich mache so weiter, ich arbeite den ganzen Samstagnachmittag in meinem Zimmer, ich höre den ganzen Samstagnachmittag traurige Lieder, bis mein Bett, von Regalen abgeschottet, möglichst weit weg von der Tür und von meiner Großmutter steht. Dann lege ich mich auf den Rücken und sehe nur die Regale um mich herum und darin all das, was mir gehört. Die Tür sehe ich von hier aus nicht und werde also auch nicht sofort gesehen werden, wenn sie jemand öffnet. Ich weiß nicht, ob ich froh bin, eher nicht, und das kommt nicht nur von der traurigen Musik, aber ich bin erleichtert. Der Plattenspieler steht nun so im Regal, dass ich leicht an ihn herankommen kann vom Bett aus. Ich lege den Tonarm auf »The Boxer«, ein Mal, zwei Mal, ich weiß nicht, wie oft. Jedenfalls mindestens so oft, wie meine Großmutter heute versucht hat in mein Zimmer zu kommen. Jetzt ist sie in der Kirche, wie immer am frühen Samstagabend. Und als mir das klar wird, öffne ich die Tür zum Flur und hole mir den Staubsauger. Dann fällt mir ein, dass den ganzen Nachmittag niemand nach mir geschaut hat, obwohl meine Mutter doch längst vom Fußballspiel zurück sein müsste mit meinem Bruder. Mein Vater war auch beim Sport. Sonntags habe ich immer Tischtennisspiele und Turniere, manchmal gehe ich samstags zum Zuschauen zur Herrenmannschaft meines Vereins.

Wahrscheinlich hat die Mannschaft meines Bruders verloren. Ich staubsauge das Zimmer, dann gehe ich nach unten.

Meine Mutter und mein Bruder schauen die Sportschau.

Hallo, sage ich.

Hallo, sagen beide, meine Mutter schaut kurz auf, mein Bruder liegt in seinem Trainingsanzug auf dem Sofa.

Ich habe mein Zimmer umgeräumt, sage ich.

Schon wieder, sagt meine Mutter.

Könnt ihr mal still sein, sagt mein Bruder.

Hat Oma nichts gesagt?, frage ich.

Was hätte sie sagen sollen?, fragt meine Mutter.

Herrgott, sagt mein vierzehnjähriger Bruder, jetzt seid halt mal still.

Der VFB Stuttgart gewinnt. Der FC Bayern auch. Meine Mutter und mein Bruder sind fröhlich.

Habt ihr schon gegessen?, frage ich, obwohl ich es eigentlich weiß.

Wenn Papa kommt.

Wann kommt Papa?

Bald.

Und Oma?

Die ist beim Wallfahren.

Ich mache diese Handbewegung, die ich grade eben wieder in der Sportschau gesehen habe. Es ist die, die Fußballer machen, wenn sie ein Tor geschossen haben. Ich mache sie geräuschlos, aber in mir ist es laut.

Sie kommt also erst morgen früh, sage ich.

Morgen Abend, sagt meine Mutter.

Ich wiederhole die Handbewegung noch einmal. Jippie, sage ich leise.

Was?, fragt mein Bruder und schaut mich an.

Nichts.

Warum habe ich gejubelt? Warum?

Ich denke das immerzu. Absolut unmöglich ist es, damit aufzuhören. Ich sitze beim Abendessen, weil mein Vater nun auch zu Hause ist, und ich habe keinen Hunger. Auf meinem Brot ist Leberwurst, auf meinem Teller liegen drei Essiggurken. Ich mag das gerne. Aber nicht jetzt. Seit Minuten kaue ich auf diesem Brot herum und es kommt mir so vor, als ob ich Schuld daran habe, wenn der Bus, in dem meine Großmutter sitzt, nun einen Unfall baut und alle tot sind, oder nur meine Großmutter. Ich kaue auf meinem Leberwurstbrot und in meinem Kopf beginnt das Gebet, lieber Gott, mach nicht, dass Oma etwas passiert, lieber Gott, mach nicht, dass Oma etwas passiert, lieber Gott, mach nicht, dass Oma etwas passiert.

Mein Bruder hat gut gehalten. Kein Tor kassiert. Sie haben gewonnen. Lieber Gott, mach nicht, dass Oma etwas passiert.

Du hattest doch solchen Hunger, warum isst du jetzt nichts?, sagt meine Mutter.

Ich esse doch, sage ich, aber ich kann es kaum sagen, weil ich mich nicht vom Beten abhalten lassen kann und Sprechen und Weiterbeten im Kopf schließen sich fast aus. Meine Mutter sagt nichts mehr, und mein Bruder erzählt meinem Vater in aller Ausführlichkeit, wie er welche Schüsse gehalten hat, und meine Mutter beschreibt es noch mal ausführlicher.

Ich versuche das Brot schneller zu essen, damit ich nach oben in mein Zimmer gehen kann, damit nichts passiert.

Ich kaue und schlucke und schiebe mir eine Gurke in den Mund.

Kannst du auch leiser kauen?, fragt mein Bruder.

Ich kaue, wie ich kaue, sage ich. Ich bin dazu übergegangen, in meinem Kopf Vaterunser abspielen zu lassen, als hörte ich eine Schallplatte, ich habe das unendlich oft geübt. Ich kann es, wenn man mich nicht unterbricht, weil ich sonst wieder von vorne anfangen muss, und meine Schuld wird nur getilgt, wenn ich mindestens fünf Vaterunser am Stück gebetet habe ohne Fehler. Meistens muss ich dann noch genauso viele Ave-Maria beten.

Und du, fragt mein Vater, was hast du heute gemacht? Ich kann nicht antworten, weil »erlöse uns von dem Bösen« die Stelle ist, an der ich auf keinen Fall einen Fehler machen darf, denn sonst passiert etwas.

Was ist los, sagt mein Vater.

Eins, denke ich. Eines geschafft.

Ich habe mein Zimmer umgestellt, sage ich.

Schon wieder, sagt mein Vater.

Diesmal endgültig, sage ich.

Aha, sagt er. Und sonst?

Nichts und sonst, jetzt ist es besser, sage ich.

Und sonst?, fragt mein Vater und schaut in die Runde.

Vater unser im Himmel, mach nicht, dass Oma etwas passiert.

Ich sehe das traurige, schmal gewordene Gesicht meiner Großmutter mit den kleinen zarten Vogelfederfalten und darin ihr Unglück darüber, dass die einzige Person im ganzen Haus, mit der sie für eine glückliche Zeit von zehn Jahren oder sogar etwas länger Nähe hatte, nichts mehr mit ihr zu tun haben will. Die Traurigkeit ist bedrückend und wird von Jahr zu Jahr bedrückender, weil ich mich ihr von Jahr zu Jahr mehr verschließe.

In meiner Vorstellung sitzt sie mir gegenüber. Ich schaue ihrer Hand in der Schürzentasche zu und warte. Ich denke an Käfer mit glänzenden Rücken, groß und fast schwarz oder dunkelgrün mit zierlichen pelzigen Füßen, und ich denke an die Schlange im Schaufenster der Apotheke, und dass sich ihr Hals, wenn sie den Hamster schluckt, der ihr einmal täglich zum Fraß vorgeworfen wird, genauso bewegt wie die Hand meiner Großmutter in der Schürzentasche. Ich gehe gerne zum Schaufenster dieser Apotheke und immer bekomme ich dort Gänsehaut, weil das echt ist, was dort geschieht. Es ist anders als Fernsehen. Und heute fällt mir auf, dass ich vor diesem Schaufenster genauso gestanden habe, wie ich vor meiner Großmutter saß, staunend und lauernd. Und immer läuft der Fernseher, und ich erinnere mich an die Waschmittelwerbung, die Rama- und die Niveacremewerbung, und die viele Zigarettenwerbung, weil man da noch rauchen durfte. Und ich erinnere mich, wie sich ihre Hand schneller bewegte, wenn in den Nachrichten nach Christian Klar und Ulrike Meinhof gesucht wurde, wenn plötzlich im Kofferraum eines Autos eine Leiche gefunden worden war, ganz real und gar nicht so weit entfernt. Ihre Hand bewegte sich anders als bei den Toten aus Bonanza, die im Tod zu Ken und Barbie wurden und schön blieben. Und wie sie immer auf den großen Röhrenbildschirm starrte, von Loewe, Loewe Opta, genau wie ihr Radio und genauso braun. Ich erinnere mich, wie mir zum ersten Mal klar wird, dass sie eigentlich nichts sieht. Dass sie nach innen schaut, und während ich sie ansehe und mich frage, ob sie sich konzentrieren muss, während sie das tut mit den Perlen, will ich schon gehen. Ich will gehen, weil ich schon weiß, dass es mit jeder Minute schlimmer wird, wenn ich da sitze, mit jeder Minute ist mehr von diesem Gott, den sie beschwört, im Zimmer und es wird bedrohlicher, weil ich immer mehr falsch machen kann. Und obwohl ich das weiß, obwohl ich weiß, dass nur Beten hilft gegen diesen Gott, der ganz gewiss kein lieber Gott ist, bleibe ich sitzen und starre auf ihre Hand in der Schürzentasche. Es kommen die Mainzelmännchen, für die ich eigentlich zu alt bin, aber noch immer kann ich über sie lachen, wenn ich nicht gerade neben ihr sitze. Und heute frage ich mich, ob ich etwas hätte sagen können gegen die Hand in der Schürzentasche. Aber es gab für mich damals keine Worte. Und dann ist da dieses Bild: wie wir beide in diesem Zimmer saßen, immer und immer wieder, obwohl ich mich an ihrer Tür hatte vorbeischleichen wollen, wenn ich in mein Zimmer ging. Ich schaffte es nicht, Pflichterfüllung war das. Unter dem Tisch ihre Füße, die scharrten, und wie ihr damals noch schwerer Leib im Sofa saß, und wie sie atmet, und wie sie schaut, als könnte man etwas Richtiges für sie tun, etwas Gutes, nur dass man dafür zu schlecht war. Daran erinnere ich mich. Wie wir uns gegenübersaßen und beide heimlich gebetet haben und der einzige Unterschied, den es noch gab, war, dass ich keinen Rosenkranz hatte, dass ich maßlos wurde in meinen Gebeten, ohne Gesetz. Ich erinnere mich an ihre stumme Präsenz in meinem Zimmer, wenn ich aus der Schule nach Hause kam, wie ich spürte, sie war wieder darin gewesen. Wie all die Fallen, die ich aufgestellt hatte, mir verrieten, dass sie wieder in den Schubladen und unter dem Bett und im Schrank nach was auch immer gesucht hat. Wie Schallplatten und Schulhefte, Hermann Hesse und Max Frisch zum Geheimnis wurden, weil sie ihr Geheimnis suchte in all meinen Sachen. Als sei es außerhalb ihrer selbst zu finden, bei mir. Als sei ich sie. Wie sie ihr Geheimnis verleugnete, indem sie mir eines machte, und wie ich glaubte, dass ich verrückt werde, in meinem Bett hinterm Regal, und wie ich in dieser verrammelten Zimmerecke dachte, ich müsse sterben. Wie dunkel es war, und wie ich alles verweigern musste in diesem Haus, alles abwehren und am radikalsten meine Großmutter.

Zehn Jahre später schlafe ich wieder einmal in diesem Zimmer, meine Großmutter lebt noch, ich bin auf dem Weg nach Italien, und als ich neben einem Lasterfahrer, mein Vater hat ihn mir organisiert, auf der Fähre über den Bodensee sitze, mein Necessaire aus dem Rucksack hole und es öffne, fallen mir Heiligenbildchen entgegen, wie eine andere Währung, die sie mir wieder heimlich mitgegeben hat: Da fange ich an zu heulen.

Da waren die Kleider, die sie geschenkt bekam, abgelegte Kleider, von irgendjemandem oder der Cousine, keine Lumpen, aber auch keine Kleider, die sie uns wünschen würde, man konnte das anziehen, natürlich, sagt meine Mutter. Und dass es sonst nichts gab. Es gab nichts Schönes, nie auch nur einen Hauch von Überfluss. Es gab kein Geld oder keines, das zur Verfügung stand, weil das, was zur Verfügung stand, in den Schnaps floss. Das sagt sie nicht, als ich ein Kind war. Alles war alt, sagt meine Mutter.

Und ich verstehe, warum meine Mutter auf Gedeih und Verderb nicht wollte, dass ich Secondhandkleider trage oder die alte Strickjacke, die ich im Keller aufstöberte, die ich schick fand. Und ich verstehe nun die französischen Röcke und Hosen, Blusen und Schuhe und Mäntel und Jacken meiner Mutter, in denen ich sie als Kind erlebt habe und später als Jugendliche. Ich verstehe, warum sie sich das Nähen beibrachte, als das Geld eine Zeitlang knapper war, wegen des neuen Hauses. Ich verstehe, warum ich selbstgeschneiderte Hosen tragen sollte anstelle einer gebrauchten Jeans, die mir um so vieles schicker vorkam. Von heute aus betrachtet: cooler. Aber cool war kein Wort meiner Kindheit. Cool, das war jenseits von schüchtern, und ich war schüchtern. Die unnahbare Schönheit meiner Mutter, ganz gleich in welchen Kleidern, war cool. Der Bastard war die junge Pariserin im Dorf.

Ich erinnere mich an das Schweigen meiner Großmutter, als sie einmal, zweimal oder sogar dreimal mitkommen musste in eine Familientherapiesitzung. Meinetwegen. Und so wie der Rest der Familie ließ mich auch meine Großmutter spüren, dass ich allen eine Bürde auflastete, dass ich schuld war, dass nun alle darüber reden sollten, wie in der Familie kommuniziert wird und was meine Hungerkrankheit mit ihnen zu tun haben könnte.

Meine Großmutter sitzt in einem Sessel, neben sich die Handtasche, das Haar frisch gelegt, und starrt vor sich auf den Schoß. Ich weiß nicht, wo sie den Rosenkranz hat, ich bin sicher, dass sie ihn dabeihat, weil sie niemals ohne ihn aus dem Haus geht und erst recht nicht an einen Ort, den sie nicht kennt. Der Familientherapeut fragt sie, ob sie sich vorstellen könne, etwas für mich zu tun, was mir guttäte. Er spricht Hochdeutsch. Menschen, die Hochdeutsch sprechen und dazu noch Arzt sind, hält meine Großmutter für Helden oder für Rindviecher. Sie sagt nichts, und als er noch einmal fragt, ob sie seine Frage verstanden habe, sagt sie: I wois au it. Sie sieht bitter aus, und traurig. Ich schäme mich. Und ich warte. Irgendetwas muss doch passieren. Der Arzt fragt meine Mutter, ob sie eine Idee habe, was meine Großmutter mir Gutes tun könnte. Meine Mutter sagt sehr rasch, dass sie das nicht weiß. Dabei weiß ich, dass sie es genauso gut weiß wie ich. Sie könnte mein Zimmer mein Zimmer sein lassen. Sie könnte aufhören, mich zu beobachten, als sei ich ein gefährliches Insekt. Als der Arzt meinen Bruder fragt, sagt auch er, dass er es nicht wisse. Mein Vater weiß es genauso wenig. Auf dem Nachhauseweg sagt mein Bruder, dass ich ihnen diesen ganzen Scheiß einbrocke. Meine Großmutter sagt, dass sie nicht weiß, wozu das gut sein soll. Mein Vater sagt, das stiftet nur Unfrieden. Meine Mutter sagt, dass das vielleicht schon für etwas gut sei. Es ist bereits dunkel, ich sitze auf der Rückbank am Fenster und versuche erst gar nicht gegen die Tränen anzukämpfen, die mir über die Wangen laufen. Da spüre ich, wie die Hand meiner Großmutter in der Tasche ihres Kostümjäckchens verschwindet. Ich spüre neben mir das Tier in ihrer Tasche, ich weiß, jetzt betet sie für uns. Am nächsten Tag beim Frühstück sagt sie: Diese komplizierte Fragerei von diesem Rindvieh bringt doch eh nichts.

Ich sage, dass das kein Rindvieh ist. Ich bin achtzehn. Bald werde ich ausziehen, sage ich.

Alle schweigen.

Ich nähe mir meine Kleider selbst. Es ist eine kleine Nähmaschine, die häufig die Fäden miteinander verzurrt, so dass ich fluchend und mühsam alles wieder auseinanderdividieren muss. Es ist die Nähmaschine, mit der meine Mutter immer genäht hat, sie heißt Elna und ich liebe sie, weil sie für mich Unabhängigkeit bedeutet. Ich finde schöne Stoffe und lerne, wie man Hosen näht, und trage deshalb die schönsten Hosen, die man tragen kann. Dafür brauche ich nicht das Geld meiner Eltern, auch keine Ratschläge. Wenn ich mit der Nähmaschine in meinem Zimmer sitze, höre ich nichts von draußen, das Rattern des Motors ist lauter als die Schritte meiner Großmutter, lauter als die Stimmen meiner Eltern, wenn sie einen Stock tiefer streiten. Seit ich mit dieser Maschine in meinem Zimmer lebe, fühle ich mich zum ersten Mal geborgen in mir. Sie ist mein Haustier geworden, ein noch besseres als der Plattenspieler. Wenn meine Großmutter den Kopf durch die Tür steckt, wie immer ohne anzuklopfen, um zu sagen, dass es spät ist, dass ich schlafen soll, reagiere ich nicht. Ich nähe. Meine Großmutter rückt mir näher, aber sie steht auf der anderen Seite der Maschine und die Maschine schützt mich. Ich rase mit der Nadel die Hosenbeine hinab, ich gebe Gas, als könnte ich meine Großmutter niedernähen. Meine Großmutter schüttelt den Kopf und fragt, was das werden soll, und ich sage weiterhin gar nichts. Es wird was. Das weiß ich und sie wird es schon noch sehen.

Als ich bereits in einer anderen Stadt wohne und nur noch gelegentlich zurückkomme und bei ihr im Sessel sitze, frage ich nicht nach ihr, sondern nach dem Leben im ganz Allgemeinen, ich spiele die vorsichtige Gesprächspartnerin, ich will alles wissen, aber ich weiß, sie will nichts erzählen, oder sie kann nicht, und es ist, als könne ich mich heranpirschen ans Besondere, an sie, also sage ich es so: Wie war es so alleine, als Frau nach dem Krieg, mit Kind?

Und sie zögert und sagt schließlich: No hosch halt Trost gsuacht.

Und in der Schürzentasche windet sie den Rosenkranz, ich sehe das und sehe nicht hin, denn ich weiß, dass man das nicht sehen soll.

Und ich frage: Woher bekam man Trost? Und ich weiß, das ist keine gute Frage.

Was hosch au doa wella, wend alloi warscht, sagt sie und schaut hinüber zum Wellensittich, der wieder Bubi heißt, weil der Hansi, der nach dem letzten Bubi kam, inzwischen gestorben ist, gell, Bubi, sagt sie, und den Kopf hebt sie kaum und schaut aus dem Fenster durch die Jalousien in die Streifenwelt draußen und sagt: I will gar it dra denka. Es war it oifach.

Und ich warte und vielleicht schaue ich etwas zu erwartungsvoll, wie eine Journalistin will ich mich nicht verhalten und doch so, dass sie nicht denkt, ich trete ihr zu nahe, und ich spüre, wie sie sich schon wieder zurückzieht, als sie sagt: Was soll i saga?

Und ich sage: Aber du hattest doch kein Geld, wovon hast du denn gelebt?

Das Tier in der Schürzentasche bewegt sich, als könne es helfen, und sie sagt: Später war's oifacher. Aber als der Krieg vorbei war, sagt sie und dann schweigt sie und das Tier bewegt sich aufgeregt und ich schaue vorsichtig, ob ich sehen kann, wie sie den Rosenkranz spricht oder das Ave-Maria, aber ich sehe nichts, also weiß ich auch nicht, in welchem Gebetssatz sie bereits angekommen ist. Als hätte ich es jemals gewusst, denke ich und versuche, nicht auf die Hand in der Schürze zu schauen, und warte, bis sie schließlich sagt: Do stosch do ond hosch nix.

Aber von irgendetwas müsst ihr ja gelebt haben, sage ich.

Von de Gäns und. Und später hanne putzed. I han jo nix glernt.

Und ich merke, ich habe keine Ahnung, wie das damals hieß. Hauptschulabschluss, denke ich, und ich sage: Aber du warst doch in der Schule.

Jo, war i in der Schual, Volksschual. Was soll i saga? Und sie versinkt in Schweigen, das diesmal nicht so schlimm ist, vielleicht, weil wir bereits gesprochen haben. Vielleicht, weil sie froh ist, dass ich wieder mit ihr spreche.

Es ist also still. Und ich denke, vielleicht sagt sie noch etwas, und draußen höre ich laut eine Amsel tirilieren, es ist die, die ich schon zu kennen glaube, denn Amseln können ziemlich alt werden. Es ist eine vertraute Stimme aus dem Garten. Aber als ich durch die Lamellen der Jalousie einen Star auf dem Kasten der Nachbarn sitzen sehe, werde ich für einen Moment unsicher. Ihm wird meine Großmutter sich jetzt jedenfalls zuwenden, das weiß ich, und wir werden auf die Vögel schauen. Aber macht das etwas aus? Und ja, sie schaut dorthin, versunken schaut sie, die Hand nach wie vor bei der Arbeit, und es ist einer der wenigen Momente, wo ich sie lieben kann, ohne das Schlagfeuer der Ambivalenz, ohne zu denken, aber sie müsste doch mehr reflektieren und mehr erzählen, wo sind die Bilder, die sie nicht preisgeben will. Wir sind gemeinsam still. Es ist gut.

Und dann sagt sie: Er hots so wella. Der do droba. Und ihr Kinn macht eine kleine Bewegung, so dass sich das Doppelkinn verflüchtigt und sich die Haut am Hals spannt, die so viel weniger alt aussieht.

Mein Professor, für den ich an der Uni arbeitete, hatte einen Freund in Italien, er war Steinbildhauer und in seiner Heimat ein sehr berühmter Mann, der aus Steinen Klangkörper machte und Menschen, die Künstler waren oder noch welche werden wollten, in sein Dorf einlud, San Sperate auf Sardinen, damit sie die Tradition der Murales weiterführten. Weil mein Professor an der Uni der Meinung war, ich könne gut etwas für mein Italienisch tun, arrangierte er für mich einen Aufenthalt bei Pinuccio Sciola. Kann sie malen?, musste der Künstler meinen Professor gefragt haben, und der sagte ja. Ich war Ende zwanzig, das Studium war meine zweite Ausbildung und ich fuhr alleine mit einem alten Opel Corsa, den meine Mutter mir vererbt hatte, nach Sardinen und dort quer über die Insel ins Dorf des Künstlers, den alle Leute, die ich auf der Insel traf, scheinbar so gut kannten, dass ich dachte, er sei mindestens mit ihnen verschwägert. Alle liebten ihn und alle lobten ihn. Ich freute mich auf die Wochen in seinem Dorf und in seiner Werkstatt. Es war Nachmittag, als ich schließlich ankam, und irgendwie fand ich den Weg durchs Tor und traf den Künstler in der Küche an, wo er Tomaten kleinschnitt und mit Knoblauch und Basilikum vermischte. Ich sagte: Ich bin die Studentin aus Tübingen, und er schaute mich an mit seinen großen dunklen Augen und sagte: O, ma non è una bionda!

Da ahnte ich bereits, dass es nicht wirklich gut laufen würde zwischen uns. Etwa drei Tage später sagte er mir, ich müsse ausziehen aus dem Zimmer neben seiner Werkstatt, er habe ein anderes kleines Zimmer für mich, meines brauche er in den nächsten Tagen für andere Gäste. Zu dieser Zeit malte ich an einer Mauer mitten im Dorf eine Art Graphik Novel, eine Liebesgeschichte in sechzehn Episoden. Die Figuren waren Strichmännchen, die schließlich fliegen konnten und sich am Ende aus dem Staub machten. Jede für sich. Keine Ahnung, wie ich darauf kam. Ich arbeitete jeden Tag an der Mauer, und abends aß ich mit Sciola und manchmal auch noch anderen Gästen zu Abend, aber er sprach nicht mit mir. Die Mauer, die ich bemalte, fand er jedoch so gut, dass er mir anbot, eine weitere zu bemalen, wenn die erste fertig sei, vorausgesetzt, ich zöge um. Sonst müsse ich wieder gehen. Das war alles, was er sagte. Weil ich es gewohnt war, dass man nicht sprach, dachte ich, ich müsste das aushalten, und versank tagsüber in der Arbeit an der Mauer eines Hauses, das einer älteren Frau und ihrem Sohn mit zwei kleinen Kindern gehörte. Die waren sehr glücklich und stolz, dass ich bei ihnen war, fütterten mich mit fettem Gebäck und brachten mir Getränke. Als ich am fünften Abend zurück in die Werkstatt kam, stand der Schwager des Künstlers, oder wer auch immer es war, bereit, mich abzuholen: Ich müsse umziehen. Wir stiegen in sein Auto und fuhren ein wenig im Dorf herum, dann standen wir vor einem einfachen Arbeiterhäuschen, jedenfalls habe ich das so in Erinnerung, und heraus kam eine sehr ältliche nonnenhafte Frau mit einer dicken Brille. Sie war freundlich und bat mich ins Haus, und dort sah es genauso aus, wie die Frau aussah, und sie sagte, wir würden uns bestimmt gut verstehen, und ich dachte, dass das sehr unwahrscheinlich sei. Und außerdem war mir im Moment der Begegnung sofort zum Heulen zumute und so eng in der Brust, dass ich fast nicht sprechen konnte. Ich begriff erst, was mit mir passierte, als ich am Abend unter dem sehr menschlich auf mich herabschauenden Jesus am Kreuz in einer finsteren Kemenate lag, in raschelnder Bettwäsche, die ein wenig staubig roch, und das Gefühl hatte, ich würde beobachtet.

Ich war so weit von zu Hause weggefahren, an einen Ort, der nichts mit meinem Zuhause gemein hatte, um schließlich im Haus meiner strenggläubigen, bigotten Großmutter zu liegen, der ich nicht einmal böse sein konnte, weil sie nicht meine Großmutter war. Die Vergangenheit hat mich eingeholt, dort in San Sperate bei Pinuccio Sciolas Tante, die mit mir gerne fernsehen wollte, wie es meine Oma auch dauernd wollte: Bleib doch da, sagte meine Oma. Perchè non rimani?, fragte die Tante und klopfte auf den Platz ganz nah neben sich auf dem Sofa. Es lief eine Messe im Fernsehen.

Kann ich zum Essen zu Sciola gehen?, fragte ich den Schwager, oder wer auch immer es war, der mich zur Tante gebracht hatte, und der Schwager sagte, nein, du kannst hier essen.

Am nächsten Tag beendete ich mein Graffito, ich hatte viel gebetet in der Nacht, damit mir nichts passierte an diesem Ort, an dem ich kaum schlafen konnte, weil ich mich sogar im Schlaf gegen die Geister des lieben Gottes und meiner Großmutter wehren musste, weil ich das Gefühl hatte, verrückt zu werden in dieser Kammer, die gespenstisch dunkel war in der Nacht und durch die am Abend die Tante noch mit einem Weihrauchtiegel gegangen war, damit alle meine Sachen gereinigt würden vom Bösen in der Welt. Ich hatte Angstzustände in der Nacht und betete gegen das Verrücktwerden, für den lieben Gott, obwohl ich eine wahnsinnige Wut auf ihn und meine Großmutter hatte, aber ich hatte keine Wahl: Etwas wäre mir passiert, wenn ich ihn verflucht hätte, diese Gewissheit saß zu tief. Später einmal blies ich ein heiliges Licht in einer Kapelle auf Tinos aus, damit ich in meinem Schlafsack im Dunkeln liegen konnte. Nichts passierte, außer dass gegen Morgen eine Frau kam und das Licht wieder anzündete. Aber im Haus der italienischen Tante machte ich alles, was ich nie mehr hatte tun wollen: Ich betete, wie ich im Haus meiner Eltern hatte beten müssen.

Am nächsten Tag reiste ich ab. Lost in Sardegna, verloren in meiner Abtrünnigkeit vom lieben Gott.

Manchmal frage ich mich heute, hätte ich hartnäckiger sein können im Fragen. Und warum ich mich nicht getraut habe, irgendwann einmal zu fragen: Bist du zufrieden? Zufrieden, nicht glücklich.

Ich habe mich damals nicht gefragt, ob irgendjemand jemals wirklich wissen wollte, wie es zu diesem Leben kam, das meine Großmutter führte. Führen musste? Und ob irgendjemand einmal versucht hat, das zu verstehen. Und ob ich heute hartnäckiger fragen könnte, in dieses Vakuum hinein, das sie umgab, erst recht im Gebet. Und dass eine Mutter nur eine richtige Mutter war, wenn sie den Vater zur Seite hatte, sonst war sie eine Hure. Dass die Unterscheidung vielleicht so ging: Hure oder Ehefrau, Göttin oder Hexe. Ich habe mich nicht gefragt, woher die Bitterkeit kommt und warum sie alkoholkrank wurde, Trinkerin wurde, ja lange Zeit nicht einmal gewusst, dass sie das gewesen ist. Ich habe diese Frau geliebt, die meine Großmutter war, aber es gab auch eine lange Zeit, da habe ich sie gehasst.

Später einmal, als ich sie schon wieder nicht mehr hasse, als ich nur weiß, dass sie mir das Leben unendlich schwer gemacht, dass sie uns das Leben schwer gemacht hat, später, als ich das aber bereits hinterfrage, als ich denke, meine Eltern hätten Verantwortung für unser Leben übernehmen müssen, für die Liebe im Haus und gegen das Schweigen, als ich darüber bereits nachdenke, sage ich zu ihr: Sag was, du stirbst nämlich bald! Dein lieber Gott würde das auch wollen. Sie liegt in ihrem Krankenhausbett und schläft oder sie ist bereits auf dem Weg dorthin, wohin sie sich schon seit Jahren sehnt. Wenigstens glaube ich das, dass sie längst schon in ihrem Himmelreich angekommen wäre, hätte sie nicht solch eine Angst vor dem Sterben. Aber jetzt kann sie es nicht mehr entscheiden. Der Tod wird kommen, er sitzt bereits auf ihrer Bettkante. Ihr kleiner Kopf liegt tief im Kissen verborgen, das lilafarbene Haar ist weniger lila als sonst. Sie konnte lange nicht mehr zum Friseur. Für wen macht man sich schön? Ich hätte sie das fragen sollen. Hast du das Bild eines Menschen vor Augen, den du liebst, den du einmal geliebt hast? Sieht er dich noch, wenn du ihn ansiehst? Ich bin dreißig Jahre alt und ich schweige in das Bett hinein, in dem sie liegt, die Augen geschlossen, sie hängt am Tropf, und weil sie schläft oder in einem merkwürdig entfernten Zustand ist, schweigt es aus dem Bett heraus. Nicht einmal ihr Atem ist sprechend. Es riecht schlecht, wie immer im Krankenhaus, aber hier riecht es noch schlechter, süß und krank. Ich fühle mich beobachtet. Am Bett der anderen Frau, die im Zimmer liegt, sitzt die Familie. Sie sprechen. Auch die Großmutter. Sie lachen und ihre Großmutter lacht mit ihnen. Ich versuche mich zu erinnern, ob meine Großmutter einmal wirklich lauthals gelacht hat, als sie mit mir und meiner Familie zusammen war. Die süß riechende andere Alte liegt nicht so tief in den Kissen. Ich rücke etwas näher ans Bett meiner Oma Paula heran, damit sie mich hören kann. Falls sie noch etwas hören kann. Es lebt sich nicht so gut, wenn man nicht weiß, woher man kommt. Etwas fehlt. Sag doch was, sage ich. Ich sage es so leise, dass nur ich und sie es hören können, ich sage es etwas lauter als so, wie sie immer gebetet hat. Natürlich sagt sie nichts. Sie hat nie etwas dazu gesagt, warum sollte sie jetzt etwas dazu sagen. Beben nun die Nasenflügel etwas mehr? Ihr Gesicht ist spitz geworden, aber es hat nicht mehr Falten, die Haut sieht noch immer fein und zart aus und ich darf nicht daran denken, wie ich manchmal mein Gesicht an ihrem in den Alptraumnächten gegen die Raufasertapete gedrückt lag, sonst muss ich weinen. Ein feiner Flaum wächst ihr auf dem Kinn. Du musst es ja nicht mir erzählen, sage ich leise, du musst gar nichts erzählen, sag doch einfach seinen Namen! Das wäre schon viel. Oder sag es wenigstens deiner Tochter! Ich flüstere. Die vom Nachbarbett schauen herüber. Ich stehe auf, gehe um das Bett herum und öffne die Schublade des Schränkchens. Da ist er, weiß und schimmernd die Perlmuttperlen, glitzernd das silberne Kreuz. Ich weiß nicht, ob ich ihn anfassen soll, ob ich das darf, und wenn ich ihn ihr in die Hände lege, dann sehen ihn alle. Dann fällt er vielleicht zu Boden. Dann nimmt ihn jemand. Ich schließe die Schublade wieder, das heilige Ding soll bleiben, wo es ist. Ich möchte gerne ihre Hand nehmen, aber ich bin unsicher. Dann entscheide ich mich um und lege ihr den Kranz in die Hand, die nahe bei mir neben ihrem Körper liegt. Ich muss ihre Finger etwas öffnen dafür, aber als sie den Kranz spürt, schließt sie ihre Hand. Ich fühle mich beobachtet, ich tue so etwas Intimes, dass es mir fast verboten vorkommt, und als ich mich umdrehe, sehe ich, dass die Familie der Alten im

Nachbarbett mich anschaut, Vater, Mutter und so ein siebenjähriger blonder Rotzengel. Mein Freund Stephan sagt manchmal: Fick dich ins Knie. Wir sitzen vor der Uni und trinken Automatenkaffee aus Tassen ohne Unterteller. Wir kennen uns, weil wir schreiben. Stephan mag Metallica. Ich mag das nicht. Wir sind kein Liebespaar, aber Busenfreunde. Stephan sagt den Satz nie zu mir. Er sagt ihn nicht so, wie man ihn deuten könnte. Bei ihm klingt er eher wie: Geht doch. Ich sage den Satz jetzt trotzdem nicht, sondern wende mich wieder meiner Großmutter zu und schaue, ob sich ihre Hand bewegt, aber sie bewegt sich nicht, nur sind ihre Finger fest um die Perlenkette geschlossen, und ich denke, dass es sein könnte, dass meine Großmutter das Beten des Rosenkranzes gerade noch perfektioniert und nicht einmal mehr die Perlen durch die Finger laufen lassen muss, um zu wissen, wo im Gebet sie sich gerade befindet. Ich betrachte die bläulichen Finger meiner Großmutter, die wie sie selbst schmal geworden sind, und ich bin sehr froh, als ich sehe, dass sie die Kette nicht loslässt, dass sie sie festhält. Sie betet.

Das ist die Enkelin, höre ich laut die süß riechende Diabetes-Alte sagen. Sie war bisher nur einmal da, fügt sie hinzu.

Ich überlege, ob ich die Hand meiner Großmutter nehmen soll und mit ihr zusammen den Rosenkranz halten, aber schon die Tatsache, dass ich überlege, sagt mir, dass ich es doch lieber nicht tun möchte. Ich sitze da und schweige mit meiner Großmutter. Aber es ist trotzdem nicht wie immer.

Als meine Großmutter beerdigt wird, ist es November, es ist Nachmittag, und als wir am Grab stehen, der Sarg gesenkt wird, kommt plötzlich die Sonne heraus und ein einziger Lichtstrahl erreicht ihr Grab. Ich freue mich, ich freue mich so, als sei ein Wunder geschehen, dabei bin ich nur glücklich, dass der Körper meiner Großmutter auf dem Weg in die dunkle Erde noch etwas Wärme bekommt.

Als meine Großmutter beerdigt wird, schreitet mein evangelischer Vater, die Kommunion ist bereits vollzogen, auf irgendein Zeichen hin, das er als Ende des Gottesdienstes deutet, aus der Kirchenbank. Mein Bruder geht hinterher und ich auch. Als wir uns bereits durch den breiten Gang der Barockkirche Richtung Ausgang bewegen, bemerke ich, dass meine Mutter nicht mitgekommen ist und auch sonst niemand. Als wir auf dem Kirchhof stehen, ist klar, das war eine Fehldeutung. Mein Vater grämt sich sehr, was die Leute sagen werden, was meine Mutter sagen wird? Ich sage, dass wir nun einfach zum Sarg von Oma gehen und ein wenig die Blumen dort ordnen, damit es so aussieht, als hätten wir Gründe gehabt, den Gottesdienst früher zu verlassen. Als der Trauerzug an der Aussegnungshalle ankommt, tun wir so geschäftig wie nur möglich.

Nach der Beerdigung sagt meine Mutter: Paula hätte den Kopf geschüttelt über euch und gesagt, ich habe alles versucht, aber es hat nichts geholfen, ihr wisst nicht einmal, wann die Kirche aus ist. Dann lacht sie. Sie lacht versöhnlich. Und das ist der zweite schöne Moment auf der Beerdigung meiner Großmutter. Es ist der erste, über den ich weine.

Wenn ich die Kirche hochhebe und auf den Kopf stelle oder einfach nur schüttle, schneit es um sie herum. Dann liegt das heilige Altötting im Schnee. Es schneit noch eine ganze Weile, auch wenn ich die Kirche wieder an ihren Platz auf dem Radio zurückstelle. Ich kann mir nicht vorstellen, dass meine Großmutter sich diese Schneekugel selbst gekauft hat, aber wer soll ihr so etwas geschenkt haben? Sie hat keinen Sinn für poetische Dinge gehabt, meine Großmutter, weil die zu nichts zu gebrauchen waren. Vielleicht hat ihr jemand in Altötting dieses Andenken geschenkt, oder es ist ihr etwas Schönes geschehen dort und sie hat es als Dank gekauft. Ich spüre Wehmut, wenn ich mich mit all den Dingen, Fotos und Gegenständen, Menschen auf Fotos, über die ich nichts weiß und die ich nicht kenne, beschäftige. Immer wieder stelle ich mir die Frage, ob ich etwas falsch gemacht habe. Immer wieder spüre ich die Bedrohung, die von meiner Großmutter ausging, immer wieder weiß ich, dass sie mir das Leben schwer gemacht hat. Immer wieder bin ich mir schließlich sicher, dass sie das nicht wollte. Ich weiß, man konnte ihr keine Freude machen, und wenn man ihr Schmerz bereitet hat, hat sie es lange nicht gezeigt. So lange, bis sie die Traurigkeit nicht mehr verbergen konnte. Bis sie nur noch aus Traurigkeit bestand. In Wirklichkeit habe ich keine Ahnung, wer sie war. Und was geschehen wäre, hätte sie jemanden an sich herangelassen, was geschehen wäre, hätte es jemand geschafft, etwas aus ihr herauszuleben, herauszulieben. Es ist nicht geschehen. Von heute aus betrachtet, scheint es mir, als habe sie etwas in mir erkannt, was so sehr mit ihr zu tun hatte, dass es ihr Angst machte. Dass sie mich verfolgen musste, wie sie sich verfolgt hat, dass sie mich kontrollieren musste, wie sie sich kontrolliert hat. Mein Leben schien ihr bedroht, dabei bedrohte sie selbst es.

Es ist gut, dass dieses rote Licht brennt. So weit hinten sind selten andere Menschen unterwegs, es ist einsam dort so nahe am Feld, Mäuse huschen im Dunkeln über die Kiesel, der Wind bricht an der Mauer, und wartet man nur lange genug, bröckelt ein Stück Sandstein ab. Ich höre das Geräusch schon, das leise Bröseln an der Mauer hinab, ein Rieseln. Als ob sich in allen Ritzen etwas bewegt. Im Grab hört man das nicht. Eidechsen sonnen sich im Sommer auf der rauen hellen Maueroberfläche, auch noch am Abend. Die Großmutter liegt nach Westen hin, sie liegt so, wie ihr Bett gestanden hat, zwischen früher und später Sonne.

Du hast Geburtstag heute, sage ich.

Warum sage ich nicht: Du hättest Geburtstag? Du wärst heute fünfundneunzig Jahre alt. Ich weiß schon, du hättest wahrscheinlich gar nicht so alt werden wollen. Man hängt doch nur am Leben, wenn man etwas zu verlieren hat. Ich halte inne. Wie kann ich wissen, ob es nicht doch etwas gab, was meine Großmutter am Leben gehalten hat, und wenn es nur ihr Geheimnis war, von dem sie sich nicht trennen konnte.

Heute hättest du jedenfalls Geburtstag gehabt.

Die Idee, mit einer Toten zu sprechen, ist nicht neu, auch das Bedürfnis nicht. Immer sprechen wir mit jenen, die uns verlassen haben, gleich ob sie leben oder tot sind. Weil Antworten fehlen, die immer schon gefehlt haben, oder neue Fragen hinzugekommen sind mit dem Abschied. Ich habe schon immer die gleichen Fragen an meine Großmutter gehabt. Aber sie haben sich mit der Zeit konkretisiert oder aber ausgebreitet in mir.

Ein Grab ist ein Ort, an dem die Chronologie sich aufhebt. Was heute ist und was gestern war, als jene noch lebte, die darin liegt, wird egal. Jemand liegt darin und ist nahe wie eh. Aber tot. Aus dem Grab heraus kommen keine Antworten. Das Grab spricht nicht. Es wird von der Mutter gepflegt. Es sieht aus wie die anderen Gräber hier. Dass ich ab und zu hierherkomme und mit der Großmutter spreche, ist ein Geheimnis.

Bei der Beerdigung, sage ich, wenn du das noch weißt, wie wir zu früh die Kirche verlassen haben, Papa, der Bub und ich, weil wir nicht wussten, dass da noch was kommt. Und alle starrten uns an, nur weil Papa evangelisch ist und keine Ahnung hatte und weil wir noch nie auf einer katholischen Beerdigung waren, der Bub und ich. Weißt du das noch? Und wie Mama dann plötzlich zu uns sagte: Oma hätte gesagt, das war wieder typisch, keine Ahnung habt ihr.

Wie versöhnlich das war, mit dir.

Und ich denke, dass sie jetzt, wo ich ihr selbst das erzähle, vielleicht lachen muss, dass sie froh ist, das zu hören, vielleicht sogar glücklich.

Und weil ich zum ersten Mal gerne bei meiner Großmutter stehe, dort an ihrem Grab, an diesem Novembernachmittag, nehme ich die kleine Bürste aus dem Weihwassergefäß und spritze ein bisschen damit auf meine Oma, und seit langer Zeit mache ich wieder so ein Kreuz mit dem Daumen, so wie sie es immer gemacht hat, sehr schnell, damit es niemand sieht.

Da hast du noch gelebt, als ich mit Frank in Griechenland unterwegs war, es war Spätsommer, und weil wir nur wenig Geld hatten, übernachteten wir hauptsächlich im Freien, obwohl wir lieber in Klöstern übernachtet hätten, aber wir haben keine gefunden. Und eines Abends, es war schon spät, haben wir nicht gewusst, wo wir schlafen sollen. Am Meer war es unruhig, der Meltemi blies, die Flut stand hoch, wir fanden eine Kapelle, unweit einer kleinen Straße. Es war windstill, es war schön, weil es plötzlich nicht mehr laut war. Nur zu hell war es irgendwie zum Schlafen, weil mehrere Ewige Lichter brannten und der Schein bis zu uns in die Ecke drang, in die Augen, in die Schlafsäcke, in die Müdigkeit hinein. Wir standen auf und bliesen die Lichter aus und lachten. Und es war eine Erleichterung, dass ich darüber lachen konnte. Es war Nacht, wir waren müde, wir brauchten Schlaf. Es war dunkel und gut.

Am Morgen brannten die Ewigen Lichter schon wieder. Ich weiß, du hättest geschimpft, wenn ich es dir erzählt hätte, und mir gedroht, dass der liebe Gott mich dafür bestrafen würde, wenn ich nicht sofort zur Beichte ginge. Jetzt beichte ich dir, sage ich. Ich lebe noch, sage ich. Ich habe nicht einmal beten müssen.

Ich gehe nur heimlich ans Grab meiner Großmutter. Noch immer gelingt mir der Spagat zwischen ihr und meiner Mutter nicht. Meine Mutter würde nicht verstehen, was ich da tue. Ich weiß es ja selbst nicht. Abschied nehmen, vielleicht, noch immer.

Und ich stelle mir vor, dass ich einmal eine ihrer Schürzen anziehe, einmal in ihrem Sessel am Fenster sitze, neben mir hüpft hinter weißen Gitterstäben Bubi oder Hansi, Federn flattern, Sand raschelt, wenn er auf dem Boden aufkommt, Glöckchen klingeln, wenn er sich wieder erhebt. Er ist aufgeregt. Er möchte gerne fliegen.

Wenn ich »Bubi, sei ruhig« sage, wird er ruhig, und wenn ich in meine Schürzentasche fasse, finde ich den Rosenkranz. Ich beginne zu beten. Ich tue so, als kennte ich die Gesetze des Rosenkranzes genau, als wüsste ich, was ich zu tun habe, aber eigentlich wandern meine Finger nur von Perle zu Perle, klein und wieder klein und wieder klein, bis endlich einmal wieder eine dicke Perle kommt, und aufmerksam verfolge ich, was dabei mit dem Stoff der Schürzentasche vor sich geht, wie er sich bewegt. Sieht es so aus, wie es ausgesehen hat, wenn meine Großmutter es getan hat, oder ganz anders? Ich denke darüber nach, wie sich innen und außen unterscheidet. Ich muss aufhören, darauf zu achten, was man von außen sieht, das Experiment gilt einzig und alleine der Frage, was in meiner Großmutter vorgegangen sein mag, wenn sie da saß, die Hand in ihrer Schürzentasche, und betete. Stundenlang. Tagelang. Ich bin alleine, ich schließe die Augen, Bubi fiepst und piepst und macht allerlei Geräusche und ich suche nach einem Gedanken, der mich quälen könnte, weil ich glaube, dass meine Großmutter immerzu mit Gedanken beschäftigt war, die sie quälten, und der findet sich leicht. Gedanken, in denen einen der Mensch verlässt, den man am meisten liebt, sind die schlimmsten Gedanken, die man haben kann, weil sie am meisten Angst machen, vielleicht mehr als jene vor dem

Krebs, der zurückkommen könnte. Wenn der Krebs wiederkommt und der Mensch, den man liebt, noch da ist, dann
hat der Krebs weniger Macht. Wenn der Mensch, den man
liebt, weg ist, wenn der Krebs wiederkommt, dann ist das ein
Angriff auf ein schwaches System ohne Rückendeckung.
Verlassenwerden ist also die weitaus größere Katastrophe, jedenfalls in meiner Vorstellung. Und noch während ich
darüber nachdenke, beginne ich zu beten. Gegrüßet seist
du, Maria, voll der Gnade, der Herr ist mit dir, und gerate in
das Mantra aus Kinderzeiten: Lieber Gott, mach nicht, dass
der Krebs wiederkommt, und mach nicht, dass ich verlassen
werde, mach bloß nicht, dass ich verlassen werde, und mach
bloß nicht, dass der Krebs wiederkommt usw., und obwohl
das wahnsinnig kindisch ist, geht es weiter in meinem Kopf,
und ich stelle mir vor, dass es nur so gewesen sein kann: dass
meine Großmutter sich in ein Mantra hineingebetet hat,
dass sie einfach jeden Gedanken, der sie gequält hat, so oft
weggebetet hat, bis er weg war, und nur noch die Wörter
blieben. Nur noch das Gebet. Das Gebet also nur den einen
Sinn hat, dass es schwer zu ertragende Wörter durch leichter
zu ertragende Wörter ersetzt, schwer zu ertragende Vorstel-
lungen durch Lobpreisungen und diese nur dazu gut sind,
Verfluchungen, in denen man glaubt gefangen zu sein, zu
bändigen.

Ich lasse das Grab auflösen, sagt meine Mutter am Telefon.
Ich schaffe das nicht mehr. Sie hört die Stille am anderen
Ende der Leitung. Sie weiß nicht, aus welchem Raum die
Stille kommt. Wo ist ihre Tochter so still geworden?

Ich will sie erlösen. Ich hänge gerade Wäsche auf, sage ich.

Es ist einfach zu viel, sagt sie, wenn mein Körper an allen Ecken und Enden schmerzt.

Ich verstehe das. Aber ich will nicht, dass das Grab nicht mehr da ist.

Wo kommt sie dann hin?

Sie antwortet nicht. Sie hasst es, wenn ihre Tochter auch jetzt noch die gleichen Fragen stellt wie damals, als sie ein Kind war.

Immerhin ist sie jetzt schon über fünfzehn Jahre tot, sagt sie schließlich.

Die Knochen sind noch da, sage ich nicht.

Du gehst doch eh nicht auf den Friedhof, sagt sie.

Da irrst du dich, sage ich.

Aber wie oft?

Und was macht man mit den Würmern und Maden, die sind doch quasi die Großmutter? Das denke ich und ich weiß, sie würde sagen: Kannst du aufhören, dich wie ein Kind zu benehmen, wie alt bist du? Und sie hätte sogar recht.

Und was passiert mit dem Grabstein?, sage ich.

Meine Mutter weiß nicht, wie es dort aussieht, wo ich die Wäsche aufhänge, sie war noch nie da, obwohl ich sie schon mehrfach eingeladen habe.

Das ist mir doch egal, was mit diesem Stein passiert, sagt sie nicht, aber ich höre es trotzdem.

Ich sage: Da stehen Namen drauf!

Ich weiß nicht, was sie daraufhin sagt.

Willst du den Stein wiederverwenden?

Ich brauche keinen Stein, ich lasse mich verbrennen, sagt meine Mutter.

Hör auf, sage ich, weil ich das nicht hören will.

Sie hört, dass ich etwas schüttele, das weiß ich.

Ich muss aufhören, sage ich. Überleg es dir noch mal!

Ich weiß, sie fragt sich, ob die Tochter jetzt geweint hat.

Ich kann's auch nicht ändern, sagt sie zum Hund, der an ihren Beinen hochspringt. Sie bückt sich zu ihm hinab: Wenn wir dich nicht hätten. Ich weiß, dass sie das sagt.

Der Hund leckt ihr übers Kinn, weiter hoch kommt er nicht, er ist klein. Es ist der kleinste Hund, den sie je hatten. Es ist gut, dass sie ihn haben.

Als der Mann, dessen Anwesenheit mich kein bisschen stört, wenn wir in einem Raum sitzen und beide schreiben, der Mann, mit dem ich Seen durchschwimme und auf Berge steige, mit dem ich das Surfen anfing, in einem Alter, in dem man es nur noch langsam lernt, mit dem ich das Meer lesen lerne, mit dem immer alles besser ist, nur weil wir uns haben, auch wenn wir gerade kilometerweit voneinander entfernt sind – als dieser Mann mich gefragt hat, ob ich ihn heiraten möchte, und wir ein Jahr später wirklich beschließen, es zu tun, rufe ich meine Mutter an.

Save the date, sage ich, fahrt da bitte nicht in den Süden, weil: wir heiraten.

Am anderen Ende der Leitung tiefes Einatmen, großes Ausatmen. Zuletzt sagt sie: Das muss ich jetzt erst einmal verdauen.

Dann passiert mehr als vier Wochen lang nichts.

Bis heute weiß ich nicht, was genau meine Mutter zu verdauen hatte.

Zwei Jahre lang habe ich die Hochzeitsbilder, die der damals vierzehnjährige Sohn meines Mannes gemacht hat, der auch ein wenig mein Sohn geworden ist, nicht gesehen, weil sie niemals vom einen auf den anderen Computer gewandert sind oder weil die echten Erinnerungen stärker waren als der Wunsch, die Fotos noch einmal zu betrachten. Dabei ist das Kind ein sehr guter Fotograf und hat alle Menschen, die auf der Hochzeit waren, mit Hingabe fotografiert. Und als ich die Fotos anschaue, sehe ich meine Mutter mit dem gleichen Blick auf uns, meinen Mann und mich, schauen, wie meine Großmutter auf einem der Fotos, die ich besitze, auf meine schöne Mutter und meinen Vater schaut. Es ist kein guter Blick. Es ist kein freundlicher Blick. Kein wohlwollender, keiner, dem man begegnen möchte. Er ist nicht einmal kritisch. Und ich habe nicht die geringste Ahnung, aus welchem Unmut, aus welchem Einwand sich dieser Blick speist. Es ist ein Blick, den man lieber nicht gesehen haben möchte, denn er wird einen nicht mehr loslassen. Und weil sich das Schweigen in der Heiratssache inzwischen seinen Platz genommen hat, frage ich nicht weiter. Wir sprechen nicht darüber, schweigen und meiden die Nähe. Und wenn wir uns sprechen, sind wir freundlich zueinander und in mir macht sich dennoch Hilflosigkeit breit und Trauer, und das Gefühl, dieses Erbe des Schweigens, diese Stummheit, die da über uns liegt, wiegt steinschwer.

Das Schweigen, wenn es sich forträgt. Wenn alles, was gesagt werden muss, nicht gesagt, und alles, was besser ungesagt bliebe, ausgesprochen wird. Du versinkst in dich selbst, du treibst in deinen Gedanken über das weiße Tischtuch, durch das Klappern von Messern und Gabeln auf Tellern, die runde Bewegung der Schöpfkelle in der Sauciere ohne Nase. Du betrachtest die Schüssel mit den selbstgemachten Spätzle, die Schweinelendchen in der Schale daneben, den Salat. Du siehst auf die kleine Anordnung auf deinem Teller, den eierfarbenen Kontrast neben dem Kastanienbraun. Du kannst da sein und nichts wollen. Du denkst, mein Leben ist anderswo und dass es deshalb besser ist als früher, weil du die Angst im Zaum halten kannst, vor was auch immer, aber vor allem vor dem Sterben, die Angst, die immer kommt, wenn du dort bist, die Angst vor dem Tod. Die Angst, dass über Nacht das Leben zu Ende geht, deines oder eines der Familienmitglieder am Tisch. Du denkst immer die Endlichkeit mit, wenn du in dieser Stummheit verweilst, als sei das eins, das Ungesagte und der Tod. Das Sterben im Nichtsprechen, der Verlust der Lebendigkeit, wie du ihn beobachten konntest bei deiner Großmutter. Du weißt, dass diese Angst in diesem Haus manchmal die andere Seite der Wut ist, die Angst vor der Wut. Die Wut auf alles, was nie erzählt wurde, die Wut auf die eigene Unfähigkeit, so zu fragen, dass es Antworten gibt, die Wut auf die anderen, die so schweigen, wie sie geschwiegen hat und wie du nun mitschweigst. Das Schweigen ist wie ein Wurm, eine Nacktschnecke, kein Tier von Belang, aber eines, das alles zerfrisst oder auffrisst. Du sitzt also an diesem Tisch und sagst, dass es gut schmeckt, und deine Mutter beklagt wie immer, dass irgendetwas nicht stimmt, weil immer irgendetwas nicht so fein wurde, wie sie es sich wünschte.

Du sagst, doch, es schmeckt sehr gut, weil es tatsächlich sehr gut schmeckt.

Du bist der Gast und die Fremde zugleich, du sitzt an diesem Tisch und denkst an sie, Paula, wie sie da saß, mehr als zwanzig Jahre lang, Jahr für Jahr und immer wieder der Versuch, die gute Großmutter, die gute Mutter zu sein, der scheiterte, genau wie deiner, die gute Tochter zu sein. Aber weil du weißt, in ein paar Stunden bist du wieder an einem Ort, an dem es lebendig ist, an dem du dich spürst, an dem du weißt, warum du da bist, bleibst du still sitzen. Du hörst den Bruder und die Eltern sprechen und du erinnerst dich an deine Großmutter auf dem Stuhl, wie der Hund ihre Nähe suchte beim Essen, obwohl sie streng war, obwohl sie eine war, die nichts vom Füttern am Tisch hielt, vielleicht hat er sie beschützt. Der Hund, der ihr als Einziger nahe sein durfte, weil sie mit ihm sprach, wie der Mensch mit dem Hund spricht, aufrichtig war sie mit ihm. Der Hund und ihr Gott waren gut. Und wie du da sitzt, wird dir bewusst, dass das ihr Platz war, auf dem du sitzt. Jetzt bist du auf dem Platz am Rand, und jetzt bist du diejenige, die nicht spricht. Dabei willst du.